FSC
www.fsc.org
MIX
Papier aus ver-
antwortungsvollen
Quellen
Paper from
responsible sources
FSC® C105338

Impressum

© 2024 Rainer Jacobshagen
Verlag: BoD · Books on Demand GmbH,
Überseering 33, 22297 Hamburg, bod@bod.de
Druck: LibriPlureos GmbH,Friedensallee273,
22763 Hamburg
ISBN: 978-3-7597-8431-5

In eigener Sache

J.R., Jahrgang 1947, ich hatte schon früh einen Koffer voller Ideen. Mit 6 begann ich zu schreiben, auf meiner Schiefertafel mit Griffel, meinem analogen Laptop. Mit 14 modelte ich bereits für die HO und mit 16 begann die künstlerische Phase

im Malverein. Bevor es interessant wurde, - Aktmalerei - mußte ich es aufgeben wegen der Ausbildung. Wir haben damals noch Abitur mit Berufsaus-bildung gehabt. Ich habe Chemielaborant gelernt. Mit 23 schrieb ich meine Diplomarbeit und nach langer Schreibabstinenz habe ich nun fertig, mein Bier-buch. Dazwischen mußte ich zwar auch viel schreiben, aber das war nicht so geeignet für ein Buch. Aber wer schreibt der bleibt, heißt es doch so schön. Es war für mich nach großen gesundheitlichen Problemen eine Art Therapie, Training und eine große Herausforderung zugleich. Viele Gedanken im vorhinein hatte ich fixiert und wieder verworfen, bis ich endlich den Faden gefunden hatte. Die meiste Zeit verbrachte ich mit Recherche und Sortieren, bis ich letztlich Kapitel für Kapitel schreiben konnte. Es sollte kein Roman, aber auch kein Lehrbuch werden, einfach unterhaltsam und lehrreich.

Man trinkt einfach sein Bierchen als Selbstverständlichkeit ohne die ganzen Hintergründe, Geschichten und Anekdoten zu kennen. Ich hoffe, ich habe etwas Licht ins Dunkle bringen können, obwohl ich nur ein paar kleine Kerzen angezündet habe. Wünsche ein angenehmes Schmökern.

malzig & hopfig

Geschichten und wissenswertes rund um´s Bier

von Rainer Jacobshagen

0.   Inhaltsübersicht

1. Zur Einleitung

Dem Bier habe ich mich schon in der Jugend gern genähert. Dabei war mein Geschmack auf malzig und dunkel abgestimmt. Mittlerweile habe ich auch andere Geschmacksrichtungen kennen und lieben gelernt. Wer sich dem Themen Bier, Biergesschichte und Bierkultur auf verschiedenste Weise nähern möchte, der findet in Deutschland ein Eldorado der Möglichkeiten vor. In fast 30 Museen kann man Bier erleben. Deutschland ist in Sachen Bier das Land der Vielfalt. Wollte man von heute an jeden Tag ein anderes Bier aus Deutschland probieren, wäre man damit mehr als 13 Jahre beschäftigt. Jede Region hat seine eigenen Bierbesonderheiten, jede Stadt wenigstens ein lokal hergestelltes Bier. Teilweise beruhen diese lokalen Traditionen aus der kleinstaatlichen Geschichte vergangener Jahrhunderte. Im Norden trinkt man die herbesten Biere, im Süden dagegen Helles und Weizen, im Rheinland trinkt man Kölsch und Alt und in Berlin die Weiße. Daneben gibt es noch Export und Bockbier, Weihnachts- und Wiesnbier, Märzen und Kräusen und viele andere Sorten mehr.
Dieses Büchlein will nicht erklären wie Bier hergestellt wird und wieviele Sorten Bier es gibt. Das wurde bereits von anderen Spezialisten niedergeschrieben.
Mir geht es darum, das zu erzählen was so zwischen den Zeilen zu erfahren und sonst berichtenswert ist. Also Geschichten zum Bier und um's Bier. Es soll informativ und an manchen Stellen auch lustig sein oder zumindest zum Schmunzeln anregen.
Getreu dem Motto „Nicht nur zwischen Leber und Milz passt noch ein Pils", sondern auch Wissenswertes und amüsante Geschichtchen zwischen dem Schluck Bier. Hier möchte ich

ergänzend einsetzen und auch meinen Dreier dazugeben. Ich habe schließlich lange recherchiert und erfahren.

Auch die Geschichte des Bieres ist schon beschrieben, außer von mir. Aber keine Angst, es ist nicht so wie bei Führungen durch Museen und bei Stadtführungen, daß Zahlen, Zahlen und immer wieder Zahlen einen erschlagen. Bei solch einer seelischen Grausamkeit schaltet man spätestens nach 10 Minuten ab und sieht sich gelangweilt in der Gegend um, immer bedacht, ja nicht den Anschluß an die Gruppe zu verlieren, sonst findet man nicht zurück. Und eine Tasse Kaffee mit Kuchen oder ein kühles Bierchen zwischendurch ist auch nicht möglich, da die Bockwurst im Bus schon wartet. Es ist ein abgekartetes Spiel und totale Fremdsteuerung. Habe ich selbst hautnah erlebt.

Ich gehe gern mal ein Bier trinken, ob in der Gastwirtschaft oder im Biergarten draußen oder daheim im Garten oder im eigenen Pub mit guten Freunden oder in Familie. Man kommt mit Leuten zusammen und hört Geschichten so nebenbei.

Nun ja, alles nur Vorgeplänkel. Ich wünsche ein angenehmes Lesen. Also dann, viel Spass, getreu dem Motto:

2.   Die kleine „Biergeschichte"

Alle guten Dinge sind in der Vergangenheit rein zufällig oder
so nebenbei entdeckt worden. Das gilt auch für das Bier oder
was einmal Bier werden sollte. Das Bier ist das Ergebnis eines
Zufalls vor ca. 6000 Jahren.
Es spricht einiges dafür, dass Bier an vielen verschiedenen
Orten „erfunden" wurde. Die unterschiedlichen Zutaten in
den verschiedenen Kulturkreisen sprechen dafür. So gibt es in
Südostasien seit jeher Reisbier, in Afrika Hirsebier und die
Indianer Mittelamerikas brauten Bier aus Mais, lange, bevor
ein gewisser Columbus das Licht der Welt erblickte.

Bier ist vermutlich eines der ältesten alkoholischen Getränke.
Alle Geschichten beginnen mit: „Es war einmal..."und jede
Geschichte hat eine Vorgeschichte! Der Brotteig ist durch
Unachtsamkeit vergoren und der heimkehrende Mann hatte
Knast, sodass er alles was zu finden war zu sich nahm. Da es
ihm geschmeckt hatte musste die Frau das Unglück
wiederholen.
Ja, ich habe es nachgemacht, einen auf vergesslich gemacht
und den mit Wasser angerührten Dinkelmehlbrei stehen
gelassen und ein paar Hefesporen aus der Luft rangelassen.
Zwei Tage später habe ich den komischen Brei gekostet und
nichts von Alkohol gespürt. Bier war es sowieso nicht und
grässlich hat's geschmeckt. Einige Stunden später kam dann
die Wirkung in Form von Bauchkneipern und flottem Otto.
Irgend etwas muss ich vergessen, falsch gemacht haben oder
die alten Babylonier hatten eine bessere Darmflora. Nun ja.
Experiment geglückt und Ergebnis doof!!!
So ist der Alkohol seit der Mittelsteinzeit, als man um 10.000 v.
Chr. Getreide zu sammeln begann und zufällig entdeckte,

dass der Getreidebrei nach wenigen Tagen zu gären begann, Bestandteil des täglichen Lebens geworden.

Man ist sich in vielen Details noch uneinig, wo genau und vor allem wann Bier von den Menschen erstmalig hergestellt und getrunken wurde. Unstrittig ist, dass Sumerer und Ägypter als auch die Hochkulturen am Jangtze - Tal (heutiges China) Bier oder bierähnliche Getränke zubereitet haben. Aus zahlreichen archäologischen Funden ist belegt, dass im heutigen Israel, dem West - Iran und dem heutigen Irak Bier produziert wurde. Schriftliche Zeugnisse gibt es aus Mesopotamien um 4.000 bis 6.000 v. Chr. und aus Oberägypten. Es gibt Abbildungen biertrinkender Sumerer aus dieser Zeit und die Babylonier kannten sogar schon mehrere Biersorten.

Um 4.000 v. Chr. kam als neues Rauschmittel der Wein hinzu und wieder aus dem alten Ägypten. Die Römer verehrten Bachus als Gott des Weines und die Griechen Dionysos. Die Germanen stellten aus Honig und Wasser Met her und im alten Tibet wurde bereits aus Gerste Bier gebraut. Auch die alten Römer kannten Bier. Es war das Getränk der Unzivilisierten. Überall war es den Frauen zu verdanken, dass „Bier" zur Verfügung stand.

Nachdem 300 v. Chr. die germanischen Stämme Bekanntschaft mit Bier gemacht hatten, erklärten sie das Brauen zur Sache der Frauen, die sich ihrerseits in sogenannten Weiberzechen zur abendlichen Bier konsumierenden Fangemeinde zusammenfanden. Von Anfang an war das Bier ein Volksgetränk. Ausgangsstoff ist die Gerste mit Hopfen und Wasser. Die entdeckte Wirkung von Hopfen wird nur aus dem weiblichen Blütenstand gewonnen und Brauer waren früher immer Frauen. Es war ihre Pflicht Bier stets im Hause zu haben und brauten deshalb Bier fast jede Woche. Ja Bier ist weiblich!

Ein Hintergrund war das Problem mit der damaligen Hygiene und dem sauberen Trinkwasser. Im Brauprozess wird der Sud soweit erhitzt, dass ein keimfreies Getränk entsteht und gleichzeitig als Nahrungsmittel für Jung und Alt galt. Den nachfolgenden Text wird man dann besser verstehen:

> *Der Herr Bürgermeister gibt bekannt,*
> *dass am Mittwoch Bier gebraut wird*
> *und deshalb ab Dienstag nicht mehr*
> *in den Bach geschissen werden darf!*

Das Getränk „Dünnbier „ so wurde berichtet, war bis in das letzte Jahrhundert bei den armen Leuten ein Lebensmittel auch für Kinder.

Es gab also schon zu frühester Zeit globale Entwicklungen, die nicht aufzuhalten waren.

Im frühen Mittelalter übten sich vor allem die Mönche im Bierbrauen. Aber nur deshalb, um über die Fastenwochen hinweg zukommen. Die Regel lautete schließlich: "Was flüssig ist, bricht kein Fasten."

Der Legende nach schickten die bierbrauenden Mönche vorsichtshalber eine Probe ihres Spezialbieres über die Alpen nach Rom. Der Papst sollte sich davon überzeugen, dass sie dieses Getränk auch wirklich zur Fastenzeit zu sich nehmen durften.

Das Gebräu überstand den langen Weg aber nicht unbeschadet und kam als saure Brühe vor den Pontifex Maximus. Der sah in dem zweifelhaften Genuss dieser Brühe eher eine Buße als eine Freude und gab seinen Segen.

Die päpstliche Freigabe freute die Mönche natürlich sehr. Das Geschäft mit dem Klosterbier florierte und viele Klöster wurden durch ihre Braukunst wohlhabend und berühmt.

Den Mönchen ist es auch zu verdanken, dass sie den Brauprozess kultivierten und das Gebräu zudem machten, was wir heute unter Bier verstehen.

Vom Mittelalter bis hin in die frühe Neuzeit hatte das Bier eine heute kaum mehr vorstellbare Bedeutung. Es war ebenso beliebt bei Fürsten wie bei Bauern, bei Weltlichen wie bei Geistlichen, bei Männern wie bei Frauen. Die Menschen tranken damals soviel Bier, denn es war mehr als nur ein

Genussmittel. Es war Grundnahrungsmittel , Festgetränk und Arznei zugleich.

Bier trinken durfte jeder, doch nicht jeder durfte brauen und ausschenken. Das Braurecht war ein besonderes Privileg der Städte und ihrer Bürger. Es galt "Braunahrung ist Stadtnahrung."

Blick in ein historisches Sudhaus

Die Biersorten im Mittelalter

Einfachbier war das gewöhnliche "braune" Stadtbier.

Doppelbier war stärkeres, lagerfähiges Bier. Es ist mit dem heutigen Bockbier vergleichbar.

Kofent war ein dünnes, alkoholarmes Bier, das in einem zweiten Aufguss gebraut wurde. Es war das eigentliche

Alltagsgetränk der Menschen. Sein Name stammt von den Konventmönchen , die dünneres Bier bekamen als die geweihten Klosterbrüder.
Dieser Begriff hat sich in dem heute noch gebräuchlichen Wort "Lorke" für ein dünnes Bier erhalten.

Breithahn oder Broihahn ist ein Bier, das je zur Hälfte aus Gersten- und Weizenmalz hergestellt und stark gehopft wurde.

Gose ist noch heute als Leipziger Spezialität bekannt. Die Gose wird aus Weizenmalz gebraut und mit Salz und Koriander gewürzt. Den typisch säuerlichen Geschmack erhält sie durch die Zugabe von Milchsäurebakterien während der Gährung.

Unter der Regentschaft von Friedrich Wilhelm I. (1688-1740) wurde Bier "hoffähig". Sein legendäres "Tabakskollegium" war im Prinzip nichts anderes als der erste Stammtisch. Sein Sohn, später bekannt als Friedrich der Große (1712-1786), man höre und staune - erlernte das Brauhandwerk schon in jungen Jahren.

Wieso gibt es Weißbier ?

Fragen sie doch mal den Biersommelier, wieso gibt es Weißbier? Ob er die richtig Antwort geben kann? Das Vergären von Weizen für Bierzwecke war in der damaligen Zeit doch verboten, weil Weizen nur für die Nahrung zur Verfügung stehen sollte?
Die Geschichte des Weißbieres geht zurück auf das Jahr 1548. In einer Zeit, in der es verboten war mit Weizen Bier zu Brauen bekam der Freiherr von Degenberg das Privileg zugesprochen nördlich der Donau Weizenbier zu sieden. Herzog Wilhelm der IV: von Bayern bezog dadurch jährliche

Zahlungen (Steuern). Nach dem Tod des Freiherrn hatte der Herzog (bayrisch) das einzige Recht Weizenbier zu Brauen und konnte somit aus dem Weißbiermonopol und dessen Umsatz große Teile der Steuern erzielen. Im übrigen Bayern war das Brauen von Weißbier verboten mit dem Argument der Weizen müsse für die Ernährung der Bevölkerung gesichert werden. Profit erlaubt eben Ausnahmen!

Wirte wurden in dieser Zeit angehalten Weißbier zu verkaufen, ansonsten wurde ihnen die Schanklizenz entzogen. Im 18. Jahrhundert hob der bayrische Kurfürst Karl Theodor das Monopol wieder auf.

Weizenbier wurde mit obergäriger Hefe gebraut. Isoamylacetetat ist übrigens für den Namen „Bananenbier" verantwortlich, das den Geschmack deutlich in dieser Richtung prägt. Weißbier war ursprünglich nur zur Abgrenzung zu Braunbier, Rotbier und Schwarzbier begrifflich entstanden. Die Bezeichnung Weiß ist der sprachliche Hinweis auf das verwendete Getreide Weizen.

Überall wird gern Bier direkt aus der Flasche getrunken, nur Weißbier nicht. Die Gründe sind, erstens schäumt Weißbier stark, zweitens liegt der Grund bei der Hefe, die in der Flasche am Boden liegt und drittens durch die verhältnismäßig große Öffnung des Glases wird der Geruch und Geschmack des Bieres intensiver wahrgenommen. Zudem wurde die Form des Weißbierstutzens gewählt, damit die Kohlensäureperlen lange durch das Getränk nach oben steigen können und es dadurch lange frisch und spritzig bleibt.

Wer ist der Gott des Biers?

"Im Leben ward ich Gambrinus genannt, König zu Flandern und Brabant. Ich hab aus Gersten Malz gemacht und das

Bierbrauen zuerst erdacht. Drum können die Brauer sagen, dass sie einen König zum Meister haben.

Der germanische Gott des Bieres, mit Namen Gambrinus. Gambrinus ist ein legendärer König, der als Erfinder des Bierbrauens angesehen wurde. Er ist jedoch nicht Schutzheiliger der Brauer.

Gambrinus wird meist dargestellt als wohlgenährter bärtiger Mann.

Später war es der griechische Gott **Dionysos**, welcher Gott des Getreides und in einigen Gegenden Gott des Bieres war.

In christlicher Zeit war **St. Florian** der Schutzpatron der Biertrinker und der Bierbrauer. Er wurde im Mai 304 mit einem Stein um den Hals in die Enns gestürzt. Weil er im Wasser starb, hängen seine Patronate mehr oder weniger mit diesem Element zusammen. Daher schützt er vor Gefahren durch Feuer und Wasser und ist somit auch Schutzpatron der Bierbrauer.

Augustinus, der von 354 bis 430 lebte, wird als Schutzpatron von Karthago, der Theologen, Bierbrauer und Buchdrucker verehrt.

Hadrian war der nach Legende Offizier im kaiserlichen Heer und erlitt während der Christenverfolgung des Kaisers Maximilian in Nikomedien um 305 den Tod. Patron der Boten, Bierbrauer, Schmiede, Gefängniswärter, Soldaten, gegen eheliche Unfruchtbarkeit, Pest - dargestellt im ritterlichen Gewand mit Amboss, Blei in der Hand.

Nun mache sich einer einen Reim drauf, welcher nun der Richtige Gott des Bieres ist!

Das Brauerzeichen

Der Bierstern ist ein historisches und zugleich das älteste Zunftzeichen der Brauer, ein rotes Hexagramm.
Das klassische Brauerwappen ist eine Zusammenstellung der Brauerwerkzeuge wie Malzschaufel, Maischegabel Bierschöpfer und Maischebottich.
Dazwischen gab es noch das Hexagramm mit den Brauerwerkzeugen in der Mitte. Noch heute gebräuchlich in Süddeutschland, insbesondere in der Oberpfalz das Hexagramm mit dem Bierkrug in der Mitte (Bierzoigl).

herttel *pyrprew* aus dem Hausbuch der Mendelschen
Zwölfbrüderstiftung von 1425

Der Braustern in rot oder weiß angestrichen bedeutet, hier wird Rot-oder Weißbier ausgeschänkt.

Das Hexagramm symbolisiert ähnlich den chinesischen Ying und Yang die Gegensätze der Natur (gut und böse, Feuer und Wasser). es gilt als Schutzsymbol an Häusern. Im Hinduismus aber auch die Verbindung von Mann und Frau. Als Ornament in der Kunst als alchemistisches Symbol.

Gern werden Alchemisten und Brauer als sich sehr ähnlich dargestellt, da ja beide in Kesseln rührten, mit Feuer und Wasser arbeiteten und ein Gebräu herstellten.

Der Internationale Tag des Bieres wird seit 2008 jährlich am ersten Freitag im Monat August begangen.

Der Deutsche Brauerbund feiert seit 1994 den Tag des Bieres jeweils am 23. April angelehnt an die Einführung des Reinheitsgebotes von 1516 .

Historische Maße

Kanne	= ½ Stübchen	≈ 1,9 l
Metze(n), Spint	= ¼ Himten	≈ 7,7879 l
Himte(n)	= ½ Scheffel	≈ 31,152 l
Scheffel	= 1/3 Malter	≈ 62,3 l
Malter		≈ 186,91 l
Wispel	= 6 Malter	≈ 1,12146 m³

3.   **Was man für´s Bier braucht**

Voraussetzung für das Gelingen und verstehen was da gemacht wird, ist eine solide Ausbildung, wenn möglich bis zum Braumeister. Hobbybrauer mögen auch viel wissen, aber es bleibt ein Hobby, auch wenn es ein Schönes ist.

Für das was passiert und warum es passiert ist immer Fachwissen von Vorteil. Bekannt ist, dass es schnell mal Sauerbier werden kann, wenn die Bedingungen nicht stimmen oder wenn der Brauprozess dem Alleingang überlassen wird.

Ein Glas Bier, das bedeutet in Deutschland Vielfalt, denn insgesamt gibt es rund 5000 verschiedene Biere in über 40 Sorten, die in bundesweit von rund 1200 Brauereien hergestellt werden. Dazu kommt, dass deutsche Biere grundsätzlich noch in unter- und obergärige Biere unterteilt werden.

Aus dem im Deutschen Reinheitsgebot festgeschriebenen vier Zutaten Hopfen, Malz, Hefe und Wasser, lässt sich also einiges machen.

Brauwasser

Brauwasser ist mengenmäßig die wichtigste Zutat im Bier. Immerhin besteht Bier zu 90 Prozent aus Wasser. Das Wasser wird für die Keimung beim Mälzen, zum Maischen und für die Herstellung der Würze verwendet.

Die Mineralstoffe im Brauwasser haben einen entscheidenden Einfluss auf den Brauprozess und damit das Bier.

Für helle, hopfenbetonte Biere wird in der Regel weiches Wasser eingesetzt, für dunkle und auch für vollere Biere kann härteres Wasser verwendet werden. Da die Qualität des Brauwassers die des üblichen Trinkwassers oftmals übertrifft, gilt in der Branche die eiserne Regel: Brauwasser ist immer Trinkwasser, Trinkwasser aber nicht immer Brauwasser. Viele deutsche Brauereien besitzen ihren eigenen Brunnen oder gewinnen ihr Brauwasser aus artesischen Quellen. Dabei handelt es sich um Quellen, bei denen das Grundwasser auf natürliche Weise infolge eines Überdrucks an die Oberfläche gelangt und nicht mit einer Pumpe befördert werden müsste.

Die "Aufbereitung" besteht in der Regel in der Anpassung des ph-Wertes sowie in der Anpassung der Menge von Natrium, Kalzium, Magnesium, Chlorid, Sulfat und Hydrogencarbonat im Wasser.

Hopfen

Hopfen gilt als die "Seele des Bieres". Er verleiht dem Bier seinen herb-bitteren Geschmack, verbessert dessen Haltbarkeit und stabilisiert den Schaum.

Bier ist das einzige Getränk, das Hopfen enthält, so dass nur im Bier die positiven Eigenschaften von Hopfen - es hilft gegen Magen- und Verdauungsbeschwerden und wirkt beruhigend sowie krampfhemmend - zur Geltung kommen.

Die drei führenden Hopfenanbau-Länder sind heute der Fläche nach die USA, Deutschland und Tschechien. Das größte Hopfenanbaugebiet der Welt ist die Hallertau in Bayern. Die restlichen Teile verteilen sich in Deutschland auf die Anbaugebiete Elbe-Saale, Tettnang, Spalt und Bitburg.

Hopfen ist nämlich ebenso wie Canabis ein Hanfgewächs. Alle Hopfen-Arten kommen auf der Nordhalbkugel vor. Der bekannteste Vertreter der Gattung ist der Echte Hopfen, dessen Sorten vor allem zum Bierbrauen verwendet werden. Der Hopfen hat sedierende, antibiotische und estrogene Eigenschaften.

Die Hopfenaromen, ob kräuterig oder blumig, würzig oder fruchtig (Mandarine, Citrusfrüchte, Melone), Hopfen bereichert das Bier ungemein und hilft beim Brauen, einen tollen Geschmack zu erzielen.

IBU ist die internationale Maßeinheit, die die Bitterkeit des Bieres bestimmt. Die sogenannte International Bitterness Unit verrät uns, wie viele Bittereinheiten in einem Bier stecken. Grundsätzlich gilt: Je höher der IBU-Wert, desto bitterer das Bier. Genau genommen ist es die aus dem Hopfen gelöste Alphasäure, die die Bitterkeitseinheit darstellt, mit 1mg Alphasäure pro Liter Bier ergibt eine Bittereinheit (BE). Die Bitterkeit der Alpha-Säure macht das Bier länger haltbar. Der Hopfen wirkt antiseptisch, indem er die Keimanzahl vermindert und hemmt so den Wachstum von Bakterien. Deswegen sind Biere, die traditionell einen weiteren Weg zurücklegen sollen, wie beispielsweise Pilsener, das ursprünlich aus der Stadt Pilsen in Tschechien kam oder India Pale Ale, das von England nach Indien verschifft wurde, deutlich stärker gehopft und damit bitterer.

Braugerste

Die Gerste ist eine der ältesten Kulturgetreidearten.
Braugerste wird in der Mälzerei zu Malz verarbeitet und findet Verwendung als geschrotetes Braumalz in Brauereien, als gemahlenes Backmalz in der Backwarenindustrie,

als Whisky- und Brennmalz in der Spirituosenindustrie, als Malzkaffee oder z. B. in Frühstücksflocken. Zum Brauen und Mälzen können fast alle Getreidearten verwendet werden. Die Gerste hat sich jedoch neben dem Weizen als Hauptrohstoff durchgesetzt. Die Spelzen der Gerste sind in der Brauerei von technologischer Bedeutung, denn sie bilden beim Läutern der Maische eine natürliche Filterschicht zum Trennen der Bierwürze vom Treber. Außerdem weist die Gerste von allen Getreidearten die höchste Aktivität an Stärke abbauenden Enzymen auf, was für die schnelle Verzuckerung der Stärke im Sudhaus der Brauerei wichtig ist.

Nach Einkorn ist Gerste eine der ältesten Kulturgetreidearten. Sie ist geographiscch so weit verbreitet wie wohl sonst kein anderes Getreide.

Der Vorgang des Mälzens verwandelt Gerste oder andere Getreidekörner durch einen kontrollierten Keimvorgang in Malz. Ziel des Vorgangs ist die Bildung von Enzymen sowie die Aufspaltung von Stärke in Malzzucker und von Eiweißen in Aminosäuren.

Mälzen ist ein kontrollierter Keimvorgang, bei dem aus Braugetreide (z. B. Gerste, Weizen oder Roggen) Malz entsteht. Durch den Keimvorgang werden im ganzen Korn Enzyme aktiviert und gebildet, die später für den Stärke- und Eiweißabbau während des Bierbrauens ebenso notwendig sind wie für die Whiskyherstellung.

Um Malz herzustellen wird in einer Mälzerei Braugetreide gemälzt. Zuerst wird hierfür das Getreide eingeweicht und so zum Keimen gebracht. Dieser Keimprozess ist unabdingbar, da so das Enzym entsteht, das die enthaltene Stärke spaltet. Ohne Keimung kein Enzym, ohne Enzym keine gespaltene Stärke und somit kein Zucker und ohne Zucker kein Alkohol! Bevor der Keimling aus dem Korn sprießt stoppt man den Prozess und geht zum zweiten Schritt über: der Trocknung. Das Korn wird getrocknet (gedarrt), damit es sich stabilisiert und die Keimung nicht fortschreiten kann. Gutes Malz sollte nie komplett gekeimt sein. Das Darren hat einen Einfluss auf die Farbe und die Geschmacksnoten des fertigen Biers. Je stärker gedarrt wird, desto dunkler die Farbe des Malzes. Wie bereits einmal erwähnt wurde, wird für die Herstellung von Schwarzbier das gekochte Malz auch geröstet.

Durch das Darren sind die Enzyme, die für das Spalten der Stärke zuständig sind, kurzfristig deaktiviert und arbeiten erst im nächsten Schritt weiter.

Die Bierhefe - Die Geschichte der Bierhefe

Bierhefe wird bereits seit vielen tausenden Jahren angewandt. Bereits im Volk der Sumerer, im alten Ägypten, bei den Galliern und später in mittelalterlichen Klöstern wurde der nährstoffreiche Bierhefesatz im Bier mit getrunken oder separat als Medizin verabreicht. Auch für schöne Haut fand sie schon sehr früh Anwendung.

Zu dieser Zeit war jedoch weder bekannt, was Hefepilze sind, wie sie bei der Gärung wirken oder woher die heilende Wirkung kommt. Erst durch Louis Pasteur wurde 1859 die Hefe als Auslöser von Gärungen bestätigt und die zugrundeliegenden Vorgänge bei Gärungsprozessen wurden bekannt.

Im Jahr 1883 züchtete Emil Christian Hansen erstmals eine reine Bierhefekultur. Ohne diesen Schritt wäre die Herstellung von unter- und obergärigen Bieren, wie wir sie heute kennen, nicht möglich.

Bierhefe wird für Tiere und Menschen eine positive Wirkung auf die Gesundheit zugeschrieben. Sie soll gut für Haut, Haare und Fell sein, das Immunsystem stärken, zu einem ausgeglichenen Stoffwechsel beitragen und noch vieles mehr. Bierhefe besteht wie alle Hefearten aus vielen einzelnen Hefepilzen. Hefepilze sind einzellige Pilze, die sich vor allem durch Sprossung oder Teilung vermehren und so klein sind, dass sie mit dem bloßen Auge für uns nicht sichtbar sind.

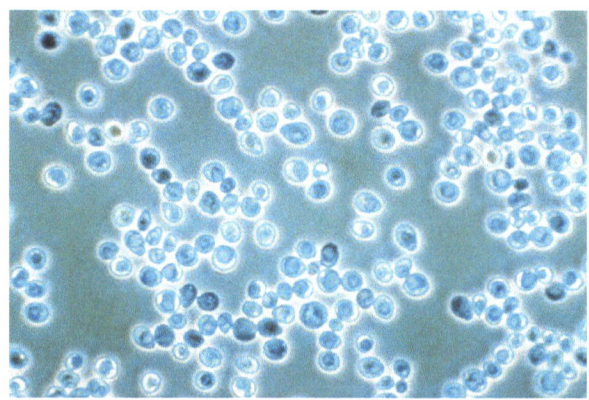

Die Bierhefe sorgt für die Gärung von Hopfen und Gerste, bei der aus Malzzucker Alkohol und Kohlensäure entstehen.

Bierhefe selbst lässt sich nochmals in 2 Arten unterteilen: es gibt untergärige Bierhefe (Saccharomyces carlsbergensis), die bei der Herstellung von untergärigen Bieren wie Pils oder Lagerbier Anwendung findet. Daneben gibt es die obergärige Bierhefe (Saccharomyces cerevisiae). Sie ist für die Gärung bei Ale, Weizenbier, Kölsch und anderen obergärigen Biere verantwortlich.

Einen entscheidenden Unterschied zeigt hier schon der Name auf: während obergärige Bierhefe beim Brauvorgang oben auf der Flüssigkeit schwimmt, sinkt untergärige Bierhefe auf den Boden ab. Einen weiteren Unterschied stellt die Gärtemperatur dar. Obergärige Bierhefe gärt bei warmen Gradzahlen während untergärige Bierhefe kühle Temperaturen benötigt.

Übrigens: früher konnten aus diesem Grund untergärige Biere nur in sehr kalten Wintern gebraut werden, diesbezüglich waren obergärige Biere sehr viel verbreiteter.

Die zählt Hefe seit jeher zu den wichtigsten Bestandteilen von Bier. Während früher die zur Gärung verwendete Bierhefe im fertigen Getränk blieb, wird sie heute am Ende des Herstellungsprozesses aus dem Bier gefiltert, da das die Haltbarkeit des Biers verlängert. Somit ist Bierhefe eigentlich ein Abfallprodukt aus der Bierproduktion. Diese Gärungsnebenprodukte sind teilweise im Bier erwünscht, wie Isoamylacetet , das fruchtige Bananenaroma eines Weißbieres oder unerwünscht, wie Acetaldehyd, das unangenehm nach grünem Apfel schmeckt.

Kurz erklärt:Die Hefe isst Zucker und pupst Alkohol und Kohlensäure Die Bierhefe ist neben Hopfen und Malz mit entscheidend für den Geschmack, das Aroma und das Mundgefühl eines Bieres.

25

Wie entsteht Bierhefe?

Üblicherweise wird Bierhefe im industriellen Rahmen oder von Brauereien selbst hergestellt. Dazu wird Reinzuchthefe aus dem Labor weiter gezüchtet, sodass sie sich vermehrt und eine Hefepilzkultur entsteht. Durch den Züchtungsvorgang können aus wenigen Milligramm Bierhefe mehrere Tonnen entstehen. Dieser Prozess dauert nur etwa 10-12 Tage.

Bei der Vermehrung der Hefe muss alles steril ablaufen. Eine Kontamination durch andere Hefepilze, die zum Beispiel in der Luft enthalten sind oder sich auf der Hautoberfläche befinden, sollte vermieden werden.

Damit die Hefe sich vermehrt und wachsen kann, muss sie regelmäßig gefüttert werden. Dazu wird eine Lösung aus Wasser und Zucker verwendet.

Biergärung

Die Gärung beginnt im Brauprozess direkt nach der Herstellung der Würze. Sie wird durch die Hinzugabe der Hefe eingeleitet, da diese mit der Würze reagiert. Dabei wandelt die Hefe den Malzzucker zu fast gleichen Teilen in Alkohol und Kohlendioxid um, wodurch das Bier spritzig wird.

Dabei bilden sich Gärungsnebenprodukte, die den Geschmack und den Geruch des Bieres wesentlich beeinflussen. Der Zucker wird dabei durch eine lange Reihe chemischer, enzymatischer (d. h. durch Enzyme katalysierter) Umsetzungen (Glykolyse – Citratzyklus – Atmungskette) unter Sauerstoffverbrauch vollständig zu Kohlendioxid und Wasser oxidiert.

Bei der alkoholischen Gärung durch Hefen entstehen als unerwünschte Nebenprodukte wie Methanol und Begleitalkohole wie Butanol und Amylalkohol. Einige dieser Nebenprodukte werden als Fuselöle bezeichnet. Beim Bierbrauen zeigt der Geschmacksunterschied zwischen Würze und Jungbier oder Bier an, dass Gärungsnebenprodukte entstanden sind. Sie enthalten beispielsweise höhere Alkohole wie n-Propanol, Isobutanol, und aromatische Alkohole wie z.B. 2-Phenyläthanol.

4.   Brauordnungen

Brauordnungen waren im Mittelalter weit verbreitet und wurden von Stadträten, Zünften oder Landesherren erlassen. Viele sind heute nicht mehr erhalten, so dass folgende Aufzählung nur exemplarischen Charakter hat.

Vorläufer der eigentlichen als Reinheitsgebot bezeichneten Verordnungen waren die sogenannten Grutrechte, die zur Herstellung von Grutbier berechtigten und den Inhabern dieser Rechte eine monopolistische Stellung sicherten. Hopfen war damals zur Herstellung von Bier noch unbekannt. Das erste urkundlich bekannte Braurecht wurde 974 durch Kaiser Otto II. an die Kirche zu Lüttich (heute Belgien) verliehen.

Eine Verordnung der Stadt Weimar aus dem Jahr 1348 besagt unter anderem, dass kein Brauer etwas anderes als Malz und Hopfen zu seinem Bier tun soll. Dagegen war zu dieser Zeit in einigen Städten, insbesondere im Rheinland, Hopfen als Bierzusatz noch verboten.

1363 wurde in München 12 Stadträten die Bieraufsicht übertragen und 1447 wurde vom Stadtrat verordnet, dass die Brauer der Stadt allein Gerste, Hopfen und Wasser zur Bierherstellung verwenden dürfen, also diese selben Inhaltsstoffe, die später auch im bayerischen Reinheitsgebot von 1516 erwähnt werden

Die Bayerische Landesordnung von 1516

Nach dem Landshuter Erbfolgekrieg und der Wiedervereinigung der bayerischen Teilherzogtümer mussten auch die bis dahin unterschiedlichen bayerischen Landrechte harmonisiert werden. Im Rahmen dieser Arbeiten wurden die ursprünglich bayern-landshutische Brauvorschriften neu gefasst und auf ganz Bayern ausgedehnt. Die Landesverordnung wurde schließlich am 23. April 1516 durch die bayerischen Herzöge Wilhelm IV. und Ludwig X. in

Ingolstadt erlassen. Die darin enthaltene und heute als „Bayerisches Reinheitsgebot" bezeichnete Textpassage regulierte einerseits die Preise, andererseits die Inhaltsstoffe des Bieres.

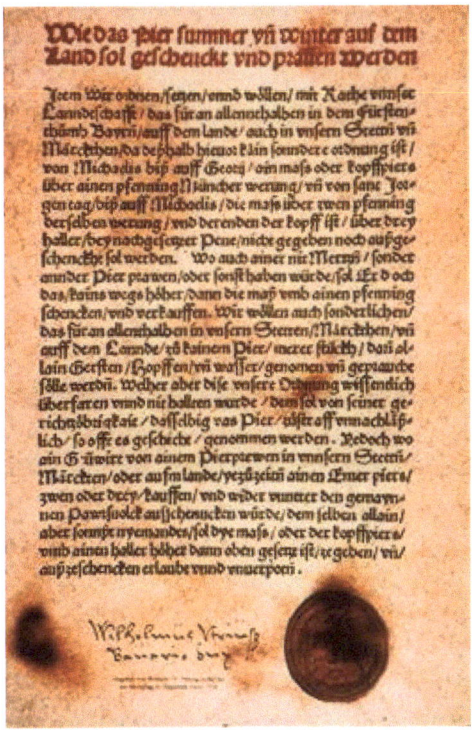

Ins Hochdeutsche übersetzt lautet der Text so:

Wir verordnen, setzen und wollen mit dem Rat unserer Landschaft, dass forthin überall im Fürstentum Bayern sowohl auf dem Lande wie auch in unseren Städten und Märkten, die keine besondere Ordnung dafür haben, von Michaeli (29. September) bis Georgi (23. April) eine Maß (bayerische, entspricht 1,069 Liter) oder ein Kopf (halbkugelförmiges

Geschirr für Flüssigkeiten – nicht ganz eine Maß) Bier für nicht mehr als einen Pfennig Münchener Währung und von Georgi bis Michaeli die Maß für nicht mehr als zwei Pfennig derselben Währung, der Kopf für nicht mehr als drei Heller (gewöhnlich ein halber Pfennig) bei Androhung unten angeführter Strafe gegeben und ausgeschenkt werden soll.

Wo aber einer nicht Märzen sondern anderes Bier brauen oder sonstwie haben würde, soll er es keineswegs höher als um einen Pfennig die Maß ausschenken und verkaufen. *Ganz besonders wollen wir, dass forthin allenthalben in unseren Städten, Märkten und auf dem Lande zu keinem Bier mehr Stücke als allein Gersten, Hopfen und Wasser verwendet und gebraucht werden sollen.*

Wer diese unsere Anordnung wissentlich übertritt und nicht einhält, dem soll von seiner Gerichtsobrigkeit zur Strafe dieses Fass Bier, so oft es vorkommt, unnachsichtig weggenommen werden.

Wo jedoch ein Gastwirt von einem Bierbräu in unseren Städten, Märkten oder auf dem Lande einen, zwei oder drei Eimer (enthält etwa 60 Liter) Bier kauft und wieder ausschenkt an das gemeine Bauernvolk, soll ihm allein und sonst niemand erlaubt und unverboten sein, die Maß oder den Kopf Bier um einen Heller teurer als oben vorgeschrieben ist, zu geben und auszuschenken.

Auch soll uns als Landesfürsten vorbehalten sein, für den Fall, dass aus Mangel und Verteuerung des Getreides starke Beschwernis entstünde, nachdem die Jahrgänge auch die Gegend und die Reifezeiten in unserem Land verschieden sind, zum allgemeinen Nutzen Einschränkungen zu verordnen, wie solches am Schluss über den Fürkauf ausführlich ausgedrückt und gesetzt ist.

Die Brauvorschriften waren eine Reaktion auf zahlreiche Klagen über schlechtes Bier. Dabei waren die obrigkeitlichen

Bierpreisfestlegungen selbst ein wesentlicher Grund für Bierfälschungen. Um ihren Gewinn trotz steigender Rohstoffpreise und unterschiedlicher regionaler Bedingungen zu sichern, reagierten viele Brauer mit einer schlechteren Qualität.

Ein weiterer Grund für den Erlass war die Sicherstellung der Lebensmittelversorgung: Der wertvollere Weizen oder Roggen war den Bäckern vorbehalten. Einen weiteren Grund lag darin, den beruhigenden und zugleich konservierenden Hopfen zum Brauen zu verwenden und andere berauschende Zutaten, etwa Porst oder Bilsenkraut zu verbieten. Diese Verordnung sollte den ansässigen Brauereien Wettbewerbsvorteile verschaffen, weil im Rheinland und in Norddeutschland zu dieser Zeit noch vorwiegend Gagel und Porst dem Bier beigesetzt wurden, die in Bayern nicht wuchsen.

Obwohl Hefe für den Brauprozess unabdingbar ist, finden sich diesbezüglich keine Angaben im bayerischen Reinheitsgebot. Als Grund dafür wird häufig angenommen, dass die Existenz derartiger Mikroorganismen schlicht noch unbekannt war. Dies stimmt nur insofern, als die genaue Wirkungsweise der Hefe bei der alkoholischen Gärung unbekannt war. Hefe an sich war bekannt, Brauer gaben einfach das „Zeug" vom letzten Gärvorgang der neu zu vergärenden Bierwürze zu.

Die Bank klebte an der Lederhose

Bierbeschau mit dem Hosenboden , wie sie im 15. und 16. Jahr-hundert praktiziert wurde, war außerdem eine recht originelle, in ihrem Aussagewert allerdings zweifelhafte Untersuchungs-Methode üblich.

Die ging in der Stadt Bernau so vor sich: Bürgermeister, Marktmeister und Vogt trafen sich, in gelbe Lederhosen gekleidet, im Haus des Brauers, dessen Bier geprüft werden sollte. Eine Bank wurde aufgestellt. Der Marktmeister goss einen Krug Bier darüber, der Vogt verteilte es gleichmäßig und dann setzten sich die drei Herren drauf. Zwei Stunden (nach der Sanduhr) blieben sie so sitzen. Auf ein Kommando sprangen sie dann gleichzeitig auf. Ging die Bank mit in die Höhe, weil sie an der Hose klebte, war genügend gutes Malz im Bier - der Brauer hatte bestanden.

Erst im Verlauf des 19. Jahrhunderts wurde das Verbot, zur Bierherstellung andere Zutaten als Gerstenmalz und Hopfen zu verwenden, wieder gesetzlich verankert, zum Beispiel im Landtagsabschied vom 10. November 1861, in der Aufhebung des Biertarifs vom 19. Mai 1865 und im Malzaufschlagsgesetz aus dem Jahr 1868.

Bierbeschau mit dem Hosenboden , zeitgenössische Darstellung

Deutsches Biersteuergesetz

32

Nach der Reichsgründung 1871 haben auch andere Staaten ähnliche Regelungen übernommen. Ab 1906 galt das Reinheitsgebot in abgewandelter Form im gesamten Reichsgebiet. Das deutsche Biersteuergesetzt (BierStG) vom 9. Juli 1923 in der Fassung des Jahres 1952 regelte mit seinem § 9 Abs. 1 das Reinheitsgebot für die Bundesrepublik Deutschland. Für untergäriges Bier waren Gerstenmalz, Hopfen, Hefe und Wasser als Zutaten zugelassen. Für obergäriges Bier waren auch andere Malzsorten sowie definierte Zuckerarten und Farbstoffe erlaubt. Der vormalige § 10 Abs. 1 BierStG verbot das Inverkehrbringen von mit Zusatzstoffen hergestellten Bieren.

Auf Grund einer Klage der EWG-Kommission im Jahre 1984 entschied der Europäische Gerichtshof am 1987 dass das Verbot, ausländische Biere, die nicht nach den deutschen Regeln hergestellt wurden, in Deutschland unter der Bezeichnung „Bier" zu verkaufen, gegen die Warenverkehrsfreiheit des EWG-Vertrages verstößt. Die Beschränkung der Bezeichnung „Bier" auf Produkte, die dem deutschen Reinheitsgebot entsprachen, war nicht durch zwingende Erfordernisse des Verbraucherschutzes gerechtfertigt, weil dafür Kennzeichnungsregelungen ausreichend sind.

Aktuelle Rechtslage

Mit der Neufassung des BierST im Jahre 1993 wurden die Regelungen des alten BierStG zur Bierherstellung und zum Reinheitsgebot als sogenanntes *Vorläufiges Biergesetz* beibehalten und die steuerlichen Bestimmungen in das neue BierStG (1993) überführt. Das Gesetz ist seit 2005 weitgehend außer Kraft getreten. Weiterhin gültig sind aber die Durchführungsverordnung zum Vorläufigen Biergesetz, welche Definitionen der Bierzutaten enthält, sowie die Vorschriften über die Bereitung von Bier.

Nach wie vor gelten jedoch für die Bierherstellung in Deutschland und für den deutschen Markt Einschränkungen, denen Brauer in anderen Ländern nicht unterworfen sind. Das Reinheitsgebot ist die älteste heute noch gültige lebensmittelrechtliche Vorschrift der Welt.

In der Bundesrepublik Deutschland findet das Reinheitsgebot seine rechtliche Begründung im Biersteuergesetz. Hierin ist festgelegt, dass zur Bereitung von Bier nur Hopfen, Malz, Wasser und Hefe verwendet werden dürfen (=absolutes Reinheitsgebot). Darüber hinaus ist im Biersteuergesetz aber auch der Verkehr mit Bier geregelt (§ 10). Danach dürfen unter der Bezeichnung Bier nur solche Getränke in Verkehr gebracht werden, die gegoren sind und den Bestimmungen des § 9 Biersteuergesetz entsprechen.

Was erlaubt das deutsche Reinheitsgebot?

Ist das Reinheitsgebot noch ein Qualitätssiegel oder nur noch ein Werbeversprechen?

Zusatzstoffe

Die technischen Hilfsstoffe wie PVPP (Polyvinylpolypyrrolidon), Kieselgur(versteinerte Algen aus der Steinzeit), Bentonit, Aktivkohle, Kalkmilch, Kalziumchlorid, und Kalziumsulfat, das alles sind Zutaten, die man so nicht unbedingt in einem nach Reinheitsgebot gebrauten Bier vermuten wird. Trotzdem sind diese Stoffe bei der Herstellung erlaubt und müssen nicht auf der Verpackung aufgeführt werden, weil sie nach Abschluss der Filtration nicht mehr im Bier enthalten sind.

Schwefel ist Konservierungsmittel für Hopfen und Malz. Hopfen wird oft mit den hochgiftigen Pestizid Triphenylzinn behandelt. Hopfenextrakt wird mit chemischen Lösungsmitteln wie Methylenchlorid und Hexan aus dem Hopfen extrahiert.

Grundsätzlich ist es erlaubt, in Deutschland Bier mit einigen wenigen, gesetzlich festgelegten Zusatzstoffen herzustellen. Das sind vor allem Zuckerkulör, Süßstoffe, wenige Genusssäuren wie Zitronensäure, das Verdickungsmittel Gummiarabicum und geringe Mengen Schwefeldioxid.

Zuckerkulör ist ein synthetischer Farbstoff, eine schwarze Lebensmittelfarbe und entsteht unter Zugabe von Chemikalien. Zur Herstellung von Zuckerkulör E 150 a werden verschiedene Zuckerarten wie Haushaltszucker, Fructose, Glucose oder Invertzucker eingesetzt. Hinzugefügt werden die chemischen Reaktionsbeschleuniger. Anschließend wird der Zucker auf eine Temperatur von 120 °C bis 150 °C erhitzt. Je nachdem welcher chemische Reaktionsbeschleuniger bei der Herstellung von Zuckerkulör eingesetzt wird, entstehen die unterschiedlichen Zuckerkulöre. Beim einfachen Zuckerkulör E 150a werden Natronlauge oder starke Säuren eingesetzt. Die verschiedenen Zuckerkulöre werden also nach dem jeweils verwendeten Reaktionsbeschleuniger unterschieden;

einfacher Zuckercouleur, E 150 oder E 150a;
Sulfit laugen-Zuckercouleur E 150b;
Ammoniak-Zuckerkulör E 150c ;
Ammoniumsulfit-Zuckerkulör, E 150 d.

Zuckerkulör bitte nicht mit Karamell verwechseln! Karamell entsteht wenn Zucker erhitzt wird, ohne den Einsatz von reaktionsbeschleunigenden Chemikalien.

Einige dieser Chemiecocktails stehen unter den Verdacht Allergien auszulösen.

Wen wunderts?

Hilfsstoffe

Anders als Zusatzstoffe müssen technische Hilfsstoffe weder zugelassen, noch auf der Zutatenliste deklariert werden. Hinsichtlich gesundheitlicher Sicherheit gelten die gleichen Anforderungen wie bei Zusatzstoffen. Bier wird mit Bierstabilisierungsmittel wie Bentonit (ein Tonmineral mit einer absolut großen inneren Oberfläche   400 bis 600 m² / Gramm   , welches unter Wasserzugabe quillt) und Polyvinylpolypyrrolidon behandelt. Der Kunststoff E 1202 Polyvinylpolypyrrolidon (PVPP) filtert Trübstoffe aus dem Bier.

Wie kommt der Schaum auf´s Bier?

Die feinen Bläschen geben Auskunft über Qualität. Und über Sauberkeit. Denn Biertrinker verlangen einfach, dass ihr Getränk schäumt. Der Schaum sieht ja nicht nur hübsch aus. Er ist auch ein Zeichen für Qualität.

Erstens zeigt er, dass das Bier das richtige Maß an Kohlensäure enthält. (Die muss es haben, damit es erfrischend schmeckt.)

Zweitens deutet der Schaum an, dass die Würze richtig zusammengestellt war. Nur ein Zusammenwirken vieler Komponenten bewirkt, dass der Schaum feinblasig und auch so stabil ist, dass er nicht gleich nach dem Einschenken zusammenfällt.

Bier, das im Fässchen ruhig liegt, hat keinen Schaum. Der entsteht erst beim Einschenken. Zum einen durch die Luft, die bei diesem Vorgang ans Bier kommt. Vor allem aber durch die Kohlensäure. Sie perlt in kleinen Bläschen aus. Das Bier enthält aber auch Bestandteile, die feine, elastische Häutchen bilden können. Die umhüllen das Gas. So entstehen winzige Ballons. Die Klebekraft der Bläschen verhindert, dass die Ballons davonfliegen. Das Material der elastischen Hüllen um die Gasbläschen besteht aus einem Gemisch vieler Substanzen, die noch gar nicht alle analysiert sind. Vor allem gehören Abbauprodukte von Eiweiß dazu, das mit dem Malz in die Würze kam. Andere Bestandteile steuert der Hopfen bei. Die haben zwar nicht die Fähigkeit, selbst elastische Häutchen zu bilden. Aber sie unterstützen die Eiweißstoffe bei diesem Vorhaben. Ohne Hopfen käme es nicht zu schönem, langlebigem Schaum.

Noch etwas kommt hinzu: Die Kohlensäure im Bier hilft mit, die Geschmacksstoffe freizusetzen. Bier ohne Kohlensäure schmeckt langweilig; sein Aroma entfaltet sich nicht.

Fett, zum Beispiel, mögen sie nicht leiden. "Wenn Du trinkst, wische Deine Lippen ab, bevor Du den Becher hebst!"

Auch Haushalts-Spülmittel sind nichts für Biergläser. Sie wirken nach dem Prinzip der Entspannung. Dadurch können sie Fett lösen; aber sie lösen auf diese Weise auch die Schaumbläschen auf.

Wichtiger wäre, dass sich manche Wirte einige Unsitten abgewöhnten, die sich beim Einschenken - vor allem aus dem Zapfhahn - entwickelt haben. Dazu gehört das Auf- und Niederwedeln mit dem Glas während des Einschenkens. Das erzeugt viel zuviel unnötigen Schaum und lässt einen Teil der Kohlensäure nutzlos verpuffen.

Ein zweiter Unfug ist der Schaumabstreifer. Wer den braucht, kann nicht einschenken.

Einen speziellen Tipp gibt's fürs Weizenbier. Das sprudelt und schäumt beim Einschenken besonders kräftig. Mancher hat Schwierigkeiten, sein Weißbier aus der Flasche so ins Glas zu bringen, dass nachher nicht bloß Schaum drin ist. Der Trick, den ich meine ist, man öffnet die Flasche und steckt sie mit dem Hals ganz ins schräg gehaltene Glas, bis auf den Grund. Das Bier fließt aus, und während es im Glas hochsteigt, zieht man vorsichtig auch die Flasche höher, damit ein Teil des Flaschenmundes gerade über den Bierspiegel im Glas hinausschaut. (Wenn die Öffnung der Flasche unterm Bierspiegel bleibt, fließt kein Bier mehr heraus.) Das hält den Schaum in Grenzen, aber er bildet dennoch eine schöne Krone.

Ein guter Wirt muß mehr können als Bier zapfen. Er braucht Menschenkenntnis und Lebenserfahrung und psychologisches Fingerspitzengefühl. Er ist im   Zweitberuf Beichtvater und Sozialarbeiter.

So stolz waren die Wirte vor hundert Jahren, als sie in ihren Gaststätten Bier mit Kohlensäure zapften: Sie vermerkten das extra auf einem großen Schild. Auf unserem alten Stich hängt es an der Wand hinter der Theke.

Unzulässig im Bier ist
der Zusatz künstlicher Aromen, Farbstoffe,
Enzyme,
Emulgatoren,
sowie Konservierungsmittel – das gilt für alle Biere, die in
Deutschland für den deutschen Markt produziert werden. Im
Ausland hat das deutsche Reinheitsgebot keine Bedeutung.

5. Bierbannmeile und Bierkriege

Die Bierkriege

Als Bierstreit oder Bierkriege werden Auseinandersetzungen bezeichnet, die den Preis, die Biersteuer oder andere Aspekte beim Vertrieb und den Konsum von Bier betreffen und zum Boykott oder zur Arbeitsniederlegungen führten. Dabei wird Bier häufig als Nahrungsmittel und nicht nur als Genussmittel verstanden. Im Mittelalter führten solche Konflikte auch zu kämpferischen Auseinandersetzungen. Diese wurden auch grenzüberschreitend geführt. So z. B. mit Polen und Böhmen., um nur ein Beispiel zu nennen:

- In den Jahren 1490 bis 1491 kam es zum Streit zwischen Görlitz und Zittau, dem Bierkrieg zwischen diesen Städten. An diese Streitigkeiten erinnert der Eibauer Bierzug.
- Der Göttinger Bierkrawall des Jahres 1881 betraf einen Konflikt der Königlich Preußischen Polizei mit Einwohnern und Studentenschaft der Stadt Göttingen um die Durchsetzung der Sperrstunde.
- Im Jahre 1907 führte der Versuch der Bamberger Brauereien, den Preis für 0,5 Liter Bier von 10 auf 11 Pfennig zu erhöhen, zum Bamberger Bierkrieg.
- Der Europäische Bierkrieg bezeichnet Auseinandersetzungen zwischen der Bundesregierung und der EU um das Reinheitsgebot, die von 1958 bis 1997 reichten.

Angesichts des hohen Bierkonsums im Mittelalter und in der frühen Neuzeit war Bier für den städtischen Fiskus von großem Interesse. Das Brauen und er Verkauf waren an bestimmte Privilegien gebunden. Damit wurde reglementiert, das einerseits den Brauberechtigten das Einkommen gesichert wird und andererseits kein fremdes Bier getrunken wurde, für das man keine Steuer bezahlen musste.

Im 16. Jahrhundert wurde in vielen Teilen des Deutschen Reiches das Biergeld zu einer der wichtigsten Steuerquellen. Und heute ist es nicht anders. Alles was Spaß macht bekommt eine Steuer drauf, das Autofahren, das Schoppen, Grund und Boden sowie ein Haus erwerben usw. und auch das Alkohol trinken.

Wenn dir zu hoch die Bierpreis scheinen darfst du deshalb dem Wirt nicht greinen anstatt mit diesem dich zu zanken, sollst du beim Reichstag dich bedanken; anstatt zu schimpfen und zu wettern, beschwer dich bei den Volksvertretern, die du in Weisheit und Verstand im Vorjahr nach Berlin gesandt. Ertrag die neue Steuer heiter und sei das nächste Mal gescheiter!

Die Bannmeile

Bannmeilenrecht. In den Gründungsurkunden von Städten der Ostsiedlungen verankertes Recht, im Bereich der jeweiligen Bannmeile bestimmte Gewerbe zu verbieten. So waren z.B. im städtischen Einzugsbereich ländliche Gaststätten verboten, da in ihnen häufig Lebensmittelhandel betrieben wurde, der den Umsatz der städtischen Händler schmälerte. In ländlichen Orten war Markthandel nur an privilegierten Tagen erlaubt (Kirchenfeste, Jahrmärkte). Das Bannmeilenrecht richtete sich auch gegen die Konkurrenz ländlicher Handwerker, wie z.B. Tuchmacher, die als „Störer" (mhd. stürunge = Störung, Aufruhr) abqualifiziert wurden.
Mancherorts durfte aufgrund des Bannmeilenrechts auf dem Lande nur Bier aus stadtansässigen Brauereien ausgeschenkt werden („Bierzwang"). Mancherorts haben sich wegen Streitereien um das Bannmeilenrecht veritable Bürgerkämpfe

entwickelt, so etwa die „Bierkriege" von Breslau (1318-1320) oder die zwischen Zittau und Görlitz (Ende 13. Jh.).

Grund der Durchsetzung war stets das Steuerprivileg durch die entsprechende Obrigkeit.

Hierzu gehört neben dem Braurecht auch das Schankrecht welche in Privilegienbüchern festgeschrieben wurden.Außerdem wurden Regeln in den Gasthäusern vorgeschrieben, die unbedingt einzuhalten waren.

Das benehmen in Gasthäusern ist schon sehr alt. Eine Abbildung Biertrinkender Sumerer aus der Zeit um 3.000 vor Chr. enthielt auch die älteste uns bekannte Bierschankordnung der Welt-

Hier einige Auszüge daraus:

Die Wirtin, die sich ihr Bier nicht in Gerste, sondern in Silber bezahlen lässt, oder die minderwertiges Bier ausschänkt, wird ertränkt.

-      Die Wirtin, die ihrer Gaststätte politische oder staatsgefährdende Diskussionen duldet, ohne die Gäste der Obrigkeit auszuliefern, wir getötet. (das erinnert so sehr an DDR-Zeiten und die Stasi)

- Bierpanscher werden in ihren Fässern ertränkt oder solang mit ihrem Bier. Krass war?

Der Fiskus sitzt immer am Tisch

Die Obrigkeit erkannte schnell die Bedeutung des Bieres als Volksgetränk und erhob Steuern darauf und dass nicht erst seit dem Mittelalter.

Der Bierbreuwer (Bierbrauer), aus Jost Ammans
Ständebuch (1568)

Das Bierschankrecht war im Mittelalter oft mit dem Braurecht
verbunden. Gastwirtschaften wie wir sie heute kennen gab es
noch nicht. Damit die potentiellen Gäste wußten, wo Speisen
und vollgegossen, bis sie ersticken.
Getränke feilgeboten wurden, mußten die Häuser mit
eindeutigen Zeichen versehen werden. Die frühesten Symbole
hatten einen Bezug zum ausgeschänkten Getränk, so bei
Weinschänken Rebzweige und bei Bierschänken Kornähren.
In der Zeit wurden daraus Zweige oder Büsche , die an einer
Stange über dem Hauseingang befestigt waren. Der heutige
Begriff der Straußenwirtschaft leitet sich vermutlich daraus
ab.
Sogenannte Bierzeiger sind ein an Stangen befestigter Kranz
oder ein Hexagramm. (der historische Bierstern) oder ein
Stuhl wird vor die Tür gestellt. Damit wusste auch gleichzeitig

der Biermesser, das hier Steuern zu holen waren. Ein Biermesser war ein städtischer Angestellter welcher die Aufgabe hatte die Malz- und Biermenge zwecks Steuererhebung abzumessen.

Eine Vereinfachung der Zeichen kommt aus England, wo als rudimentäres Überbleibsel nur der Stab ohne Anhängsel übrig geblieben ist. In Deutschland gibt es eine ähnliche Einrichtung, die sogenannte Besenwirtschaft

Steuertechnisch gibt es heute die Alkoholsteuer, Getränkesteuer, Biersteuer, Sektsteuer, Vergnügungssteuer und Wein ohne Steuer. Dann soll man noch zwischen 7 und 18 % Mehrwertsteuer unterscheiden.

Pro Liter reinen Alkohol sind 13,03 Euro Steuer zu zahlen.
Das ist das Fieseste, was einem beim Genuss von Alkohol jeder Art die Laune verderben kann. Man stelle sich vor, Deutschland leistet sich gleich 5 Steuern auf Alkohol.
- die Branntweinsteuer (Schnaps, Wodka, Grappa usw.)
- die Schaumweinsteuer
- die Alkopopsteuer (alkoholische Süßgetränke) - die Zwischenerzeugnissteuer (Sherry, Portwein u.ä.)
- und die Biersteuer.

Ein Biergartenbesuch kann dem Gast also mit 5 Steuern belasten. Damit zählen diese Verbrauchssteuern zu den versteckten Steuern. Zusätzlich wird noch Mehrwertsteuer auf den Warenwert incl. Steuer erhoben. Bei Bier wird jeder Liter mit 9,44 Cent belastet. Normale Weine (mit einem Alkoholgehalt von **9-13%**) haben keine Sondersteuer. Was für eine Ungerechtigkeit!

Auch wird Bier oft spaßeshalber als Grundnahrungsmittel bezeichnet, gehört dieses wie alle anderen alkoholischen

Getränke   nicht zu den Lebensmitteln im Sinne des
Umsatzsteuergesetzes, wodurch der ermäßigte Steuersatz von
7 % nicht in Kraft tritt.
Bier ohne den Fiskus gibt es in Deutschland nur auf
Helgoland. Diese Insel gehört nicht zum deutschen
Steuergebiet. Sie ist frei von Mehrwertsteuer!

6.   Alte regionale, außergewöhnliche und kuriose Biere

Das Rauchbier

Als Rauchbier bezeichnet man eine Geschmacksrichtung von Bieren, die durch Verwendung von Rauchmalz entsteht. Produktionsbedingt waren früher viele Biersorten Rauchbiere, heute gelten sie als Spezialität.

Früher waren viele Biere auf Grund der Herstellung des Malzes Rauchbiere. Das Malz muss für die Bierherstellung getrocknet werden. Neben der Sonnentrocknung, die klimatisch nicht in allen Regionen möglich war, kam dabei ein offenes Holzfeuer zur Unterstützung der Darre zum Einsatz. Hitze und Rauch durchströmten das auf der Darre liegende Grünmalz, entzogen ihm so die Feuchtigkeit und machten es gleichzeitig haltbar. Während der Industrialisierung wurden neue Techniken entwickelt, die den Einsatz spezieller Heizungen auf der Basis fossiler Brennstoffe wie Kohle und Öl erlaubten. Da diese Verfahren kostengünstiger und einfacher in der Handhabung waren, verdrängten sie nach und nach die alten Rauchdarren.

Während andere Brauereien nach Erfindung des rauchfreien Malzes auf nicht-rauchige Biere umstellten, wurde die alte Tradition in Bamberg von den Brauereien Spezial und Schlenkerla bis in die Gegenwart durchgehend bewahrt, denn beide betreiben jeweils eigene Mälzereien und stellen ihr Rauchmalz für den Eigengebrauch noch selbst her. Deswegen spricht man oft auch vom „Bamberger Rauchbier" oder „Rauchbier nach Bamberger Art", obwohl genau genommen nur die Biere von Schlenkerla und Spezial in diese Kategorie fallen. Seit einigen Jahren können Brauereien auch industriell gefertigtes, raucharomatisiertes Malz von verschiedenen Handelsmälzereien beziehen. Dadurch hat das Rauchbier in den letzten Jahren eine Renaissance erfahren und es finden sich diverse neuartig hergestellte rauchige Biere bei Craft-Brauereien weltweit und sogar in Bamberg. Die traditionelle Herstellungsweise, wie sie nur noch von Spezial und Schlenkerla aufwändig betrieben wird, ist damit eine seltene Ausnahme. Der Geschmack von Rauchbier ist gewöhnungsbedürftig und nach einem alten Sprichwort schmeckt erst das dritte Seidla so richtig.

Bamberg und Rauchbier gehören zusammen, eine Liaison, die nicht ohne Folgen geblieben ist. Ihr Lieblingskind ist das "Schlenkerla": Bambergs ergiebigste, meistbesuchte und traditionsreichste Rauchbierquelle. Sie entspringt im Gewinkel der Altstadt, fast akkurat zu Füßen des Hohen Doms, im alten Haus Dominikanerstraße 6, aus dessen Fachwerk sommers die Geranien leuchten. Wer hier nicht eingekehrt ist und nicht den würzigen, unverwechselbaren Geschmack des "Aecht Schlenkerla Rauchbier" gekostet hat, der darf nicht behaupten, in Bamberg gewesen zu sein. "Schlenkerla" ist längst ein Bamberger Zauberwort geworden, doch wissen viele noch nicht, wie diese urige Vokabel zustande gekommen ist. Pate stand der Volksmund. Er nannte einen früheren Brauer des Hauses wegen seines schlenkernden Gangs, der die Folge eines Unfalles war, einfach "das Schlenkerla" und verlieh diesen Namen auch dem seit Jahrhunderten bestehenden Brauhaus. Obwohl mittlerweile die sechste Schlenkerla-Brauer-Generation am Faß steht, ist es dabei bis heute geblieben.

Der Kenner trinkt genüßlich langsam, doch mit Ausdauer und Ziel. Er weiß, daß das zweite Seidla (Halbliter) besser schmeckt als ds erste, und das dritte bereits besser als das zweite. Er trinkt's zum Frühschoppen und am Nachmittag zur

Brotzeit, zu der man isch heißen Leberkäs' und Kümmelwecken holt, zu denen der Bamberger „Kipfla" sagt.

Trinkt's zur Bierbrauervesper aus zweierlei Preßsack, Rauchfleisch und Handkäse, zu Bratwürsten mit Kraut.

Trinkt's am Abend, trinkt's solo und in Gesellschaft vor allem, denn „Aecht Schlenkerla Rauchbier" macht mitteilsam und fröhlich und verbindet den Einheimischen und den Fremden.

"Die weilen aber das Gebräu beim ersten Trunk etwas fremd schmecken könnt', laß dir's nicht verdrießen, denn bald wirst du innehaben, daß der Durst nit nachläßt, sintemalen dein Wohlbehagen sichtlich zunimmt."

So steht's auf dem Bierfilz, und der Bierfilz hat Recht.

In Summe : Schlenkerla Rauchbier ist ein Schluck Biergeschichte. Ein Seidla Schlenkerla Trinken ist wie eine kleine Zeitreise und das Schlenkerla ist sozusagen ein lebendes Fossil aus der Epoche des historischen Bierbrauenes, die andernorts ausgestorben ist.

Bitterbier

Ein Bitterbier ist in sehr alter, heute fast vergessener und schwer zu definierender Bierstil und steht oft einfach für ein besonders bitter schmeckendes Bier, das eben nicht dem klassischen Pilsener-Stil entspricht. Häufig wird es mit dem obergärigen, noch heute in Großbritannien noch öfter anzutreffenden Bitter Ale gleichgesetzt. Im Endeffekt handelt es ich um Biere mit besonders hoher Hopfenkonzentration die unter andrem auch durch Hopfenstopfen erhalten wird., wodurch sie einen stark bitteren Geschmack bekommt. Verschiedene Quellen führen den Ursprung dieser Sorte auf das Rheinland und genauer auf Dortmund zurück. Heute wird es noch noch in Zerbst (Sachsen – Anhalt) gebraut.

Zerbster Bitterbier war im Mittelalter ein Exportschlager aus Zerbst. In dem Buch „Rund um das Zerbster Bitterbier" von Dr. Mollweide ist vieles mehr zu erfahren.

Berliner Weisse - Bierspezialität aus der Hauptstadt

Beliebtes Erfrischungsgetränk in Rot, Grün oder einfach pur: Die Berliner Weisse entwickelte sich schon um 1700 zum Lieblingsgetränk der Großstädter und wird auch heute noch mit großem Genuss getrunken.

Die Berliner Weisse ist ein helles, obergäriges Schankbier. Der Alkoholgehalt ist mit ca. 3 % eher niedrig und macht die Bier-Spezialität zu einem beliebten Erfrischungsgetränk, das pur oder mit einem Schuss Waldmeister- oder Himbeersirup aus einem schalenförmigen Glas mit Stiel getrunken wird. Ihren eigentlichen Ursprung hat die Berliner Weisse nicht in der heutigen Hauptstadt sondern in Sachsen-Anhalt, wo ein Halberstädter Brauer versuchte, das damals sehr angesehene Hamburger Bier nachzuahmen. Dieses Rezept veränderten später Berliner Braumeister und stellten das "Berlinische Weizenbier" her, das heute in abgekürzter Form Berliner Weisse genannt wird.

Die klassischen Gläser für Berliner Weisse mit ihrem recht hohem Fuß und der aufgesetzten Schale sehen nicht nur besonders hübsch aus, in ihnen soll sich außerdem der Geschmack optimal entfalten.

Berliner Weisse Gläser

Ein Bierchen in Ehren kann niemand verwehren", lautet ein bekanntes Sprichwort.

Tangermünder Kuhschwanzbier

Das Tangermünder Kuhschwanzbier ist so alt wie die Stadt Tangermünde - 2009 waren es immerhin 1000 Jahre.

Gebraut wurde früher so, wie wir heute Kuchen backen - jeder konnte es in seinem Keller tun. Der Überlieferung zu Folge gab es über 80 Brauereien in der Stadt - wie viele davon in unterirdischen Kellern lagen, lässt sich heute nicht mehr nachvollziehen. Das ursprünglich obergärige Schwarzbier wurde zu seiner Zeit wegen der sehr guten Qualität sogar bis nach Hamburg verkauft. Der köstliche Geschmack kam wohl von den 20 Meter tiefen Brunnen der Stadt, aus denen das Brauwasser häufig entnommen wurde. Erst 1373, als Kaiser Karl IV Tangermünde zur Residenzstadt erhob, entstanden die ersten professionellen Brauereien. Karls Nachfolger,

Kurfürst Johann Cicero aus dem Hause Hohenzollern, wollte dem Bier erstmals 1488 die Biersteuer auferlegen. Der Zorn der Tangermünder darüber war so groß,dass die Hohenzollern über diesen Streit ihre Residenz im Jahre 1488 nach Berlin-Cölln verlegen mussten.

Wie man sieht: Kuhschwanzbier beeinflusste nachhaltig die Weltpolitik.

Doch woher hat das Kuhschwanzbier seinen verrückten Namen?

Eine Erklärung dazu liefert diese uralte Anekdote, die passend zum Jubiläum des Deutschen Reinheitsgebots um 1516 entstand und nunmehr 500 Jahre alt ist:

un ward es auch zu Zeiten von Tangermund, wie auch überall hernieder üblich, daß jeder aus dem Volke seinen eignen Gerstensaft zu brauen suchte, bei sich drunten in den Gemäuern. Vom Wasser für das wohlschmeckende Gesöff ward genommen vom Tangerfluß. Aber auch die Rindsviecher der Umgebung haben ihren Durst im Tanger zu stillen gesucht. So kam es, daß die Braumayster die Kuhviechereien aus dem Fluß vertreiben wollten, um reichlich vom Wasser zu schöpfen. Doch so sehr sie sich auch mühten, vermochten sie nicht zu verhindern, daß mindestens ein Kuhschwanz währenddessen stets noch im Tanger hing.

Gose

Die Gose ist eine Biersorte, deren Name leitet sich vermutlich von dem kleinen Harzflüsschen Gose ab, aus dem die Braumeister bereits im Mittelalter das Wasser zur Herstellung des Bieres bezogen. Im Mittelalter fand die Gose vom Harz aus Verbreitung und etablierte sich vor allem in der Gegend um Dessau, Halle und Leipzig.

Die Gose stellt einen eigenen, alten Biertyp dar, der eine gewisse Ähnlichkeit sowohl mit Berliner Weiße als auch mit belgischen Lambicbieren und deren Spezialform, der Geuze, aufweist. Gose entstand früher, wie die meisten Biere, durch Spontangärung. Heute wird die obergärige Brauart verwendet, wobei neben der alkoholischen noch eine bakterielle Milchsäuregärung stattfindet, die zu dem typischen säuerlichen Geschmack führt. Eine weitere Eigenart besteht in dem Zusatz von Kochsalz und Koriander .

Gose ist ein warm gegorenes Bier, das seinen Ursprung in Goslar, Deutschland, hat. Es wird in der Regel mit einem Anteil von mindestens 50 % Weizenmalz an der Getreidemischung gebraut.

Zu den vorherrschenden Geschmacksrichtungen von Gose gehören Zitronensäure, Kräutercharakter und eine starke Salzigkeit (die entweder von lokalen Wasserquellen oder von zugesetztem Salz herrührt) Gose-Biere haben in der Regel keine ausgeprägte Hopfenbittere, keinen ausgeprägten Hopfengeschmack und kein ausgeprägtes Hopfenaroma. Die Biere haben in der Regel einen moderaten Alkoholgehalt von 4 bis 5 Vol %.

Wegen der Verwendung von Koriander und Salz entspricht Gose nicht der traditionellen Zutatenverordnung im deutschsprachigen Raum, doch wird ihr eine Ausnahme zugestanden, da sie eine regionale Spezialität ist. Ihre charakteristische Säure erhält sie durch die Beimpfung mit Lactobacillus-Bakterien.

Gose gehört zur gleichen Familie der sauren Weizenbiere, die früher in ganz Norddeutschland und den Niederlanden gebraut wurden. Andere Biere dieser Familie sind das belgische Witbier, die Berliner Weisse und der Hannoversche Broyhan.

Die Gose wurde erstmals im frühen 13. Jahrhundert in der Stadt Goslar gebraut, von der sich auch ihr Name ableitet. Sie wurde in Leipzig so beliebt, dass die örtlichen Brauereien den Stil kopierten. Ende des 19. Jahrhunderts galt es als Leipziger Lokalgetränk, und in der Stadt gab es zahlreiche Gosenschänken.

Ursprünglich wurde die Gose spontan vergoren. In einer Beschreibung von 1740 heißt es: "Die Gose stellt sich selbst ohne Zugabe von Hefe oder Gest". Irgendwann in den 1880er Jahren[citation needed] erzielten die Brauer den gleichen Effekt, indem sie eine Kombination aus obergäriger Hefe und Milchsäurebakterien verwendeten.

Die Gose wurde in Fässern an die Schänken geliefert, in denen sie noch aktiv gärte. Die Fässer wurden im Keller gelagert, wobei der Zapfhahn verschlossen, das

Schaufelloch aber offen gelassen wurde, so dass etwas Gas entweichen konnte, das Kohlendioxid (CO_2) - ein Nebenprodukt der Gärung durch die noch aktive Hefe -. Wenn sich die Gärung so weit verlangsamt hatte, dass kein CO_2 mehr austrat, war die Gose bereit für die Abfüllung. Das Fass wurde in einen Tank geleert und von dort in traditionelle Flaschen mit langem Hals abgefüllt. Diese wurden nicht mit einer Kappe oder einem Korken verschlossen, sondern mit einem Hefepfropfen (Flor), der im Laufe der zweiten Gärung auf natürliche Weise in den Flaschenhals aufstieg.

Bei Ausbruch des Zweiten Weltkriegs war die Rittergutsbrauerei Döllnitz, zwischen Merseburg und Halle gelegen, die letzte Brauerei, die Gose herstellte. Als sie 1945 verstaatlicht und geschlossen wurde, verschwand die Gose vorübergehend. 1949 eröffnete in Leipzig die winzige Friedrich Wurzler Brauerei; Friedrich Wurzler hatte in der Döllnitzbrauerei gearbeitet und kannte die Technik des Gosebrauens. Vor seinem Tod Ende der 1950er Jahre gab Wurzler das Rezept an seinen Stiefsohn Guido Pfister weiter. In der kleinen Privatbrauerei wurde weiterhin Gose gebraut, obwohl die Nachfrage offenbar gering war. In den 1960er Jahren gab es nur noch ein paar Kneipen in Leipzig und möglicherweise eine in Halle, die Gose verkauften. Als Pfister 1966 starb, wurde die Brauerei geschlossen und die Gose-Produktion wieder eingestellt.

In den 1980er Jahren beschloss Lothar Goldhahn, der damals die ehemalige Gosenschenke ohne Bedenken restaurierte, dass es angebracht sei, in der wiederbelebten Gaststätte Gose zu verkaufen. Nach einer Befragung der Gäste, um die genauen Eigenschaften der Gose zu ermitteln, suchte Goldhahn nach einer Brauerei, die sie herstellen konnte. Keine örtliche Brauerei war bereit, ein so ungewöhnliches Bier herzustellen, bis die Schultheiss Berliner-Weisse-Brauerei in der Schönhauser Allee in Ost-Berlin zusagte. Die ersten Probesude wurden 1985 gebraut und 1986 wurde die Produktion aufgenommen.

Nachdem sie 1988 kurzzeitig wieder verschwunden war, wurde die Gose wieder populär. In und um Leipzig gibt es wieder mehrere spezialisierte Gose-Brauereien. Darüber hinaus wird die Gose auch außerhalb Deutschlands gebraut, vor allem in den Vereinigten Staaten und Neuseeland.

„Wir verspüren daraus, daß Gott unsere gute Stadt Hannover nicht verlassen will; zwar hat sie die Schifffahrt nach Bremen verloren, dafür hat jedoch der Herr sie wiederum mit dem Broyhan segnen wollen."
Herzog Erich

Der Broyhan

Wo findet man ein Bier, das solchermaßen besungen wird? Es handelt sich um den 1526 von Cord Broyhan erfundenen und nach ihm benannten Broyhan. Dieses Althannöversche Getränk gibt es schon länger nicht mehr, Spuren hat es aber hinterlassen. Beim Bummel durch die Hannoversche Altstadt kommt man am Broyhan-Haus vorbei und findet im Wappen der Gilde-Brauerei, deren Wurzeln bis auf das Jahr 1546 reichen, den symbolisierten Broyhan-Taler. Nicht einfach gestaltet sich die Suche nach historischen Informationen. Aufzeichnungen Broyhans (auch Broihan, Breihan, Breyhan, Brühan, Broihahn) oder anderer Brauer des 16. Jahrhunderts lassen sich nicht mehr finden. Das mag daran liegen, dass, wie Jordan [8] schreibt, die Vorgehensweise in den Brauerfamilien mündlich überliefert wurde. Man muss den Broyhan aus Beschreibungen rekonstruieren. Im Netz findet man einige Seiten, die sich mit dieser Biersorte befassen.

Über die Stärke findet sich bei Sincerum [14] folgender Hinweis:

> „und wann man solch Bier warm /oder in einer warmen Stube trincket /schleichen sie fein und wohl hinein /und machen gar sehr truncken /darum man solches auch mit Massen /aber nicht viertels und halb Stübigs Kannen Maas trincken solle." [Anm.: 1 Kanne =1/2 Stübchen = ca 1,9 l]

Dass der Broyhan gar nicht gehopft wurde, beschreiben mehrere Autoren. Einige der veröffentlichen Anweisungen beschreiben das Zusammenführen von zwei bis drei Würzen und das Auffüllen der bei der Gärung herausgedrückten Würze durch zurückgehaltene Würze.

Jedoch ist Bier heutzutage nicht nur auf Weizen und Pils beschränkt, denn es kommen immer mehr neue Biersorten hinzu. Doch normal ist langweilig, das dachten sich wahrscheinlich auch die Erfinder der kuriosesten und verrücktesten Biersorten.

Schokobier

Die meisten Menschen lieben Schokolade, aber hast Du schon mal etwas von Schokobier gehört?

Das stammt nämlich aus Japan. Bei der Herstellung jedoch kommt keine Schokolade bzw. Kakao zum Einsatz. Der Brauprozess des Schokobiers unterscheidet sich erst einmal nicht von dem eines herkömmlichen Bieres. Jetzt fragt man sich wahrscheinlich, woher der Schoko Geschmack kommt, wenn doch gar kein Kakao enthalten ist. Das Geheimnis ist die richtige Mischung verschiedener Malze, wie Karamell und Schoko Malz.

Während die Deutschen im Winter nicht auf ihren Glühwein verzichten wollen, so können die Japaner in der Winterzeit nicht auf ihr Schokobier verzichten. Denn dieses erwirtschaftet in der Winterzeit den höchsten Absatz. Mit einem Alkoholgehalt von 10% hat es das Bier in sich. Pro Flasche werden 5 Euro berechnet, also muss es echt ein besonderes Bier sein.

Pumpkin-Ale

Ein Bier aus Kürbis-Ale hört sich verrückt an, aber soll schon im 17. Jahrhundert in den USA entstanden sein. Da Kürbisse damals günstiger als Getreide waren, wurde dieses Bier von der ärmeren Landbevölkerung bevorzugt. Das Kürbisbier wird auch heute noch ein Mal im Jahr rund um Halloween hergestellt. Der besondere Geschmack des Biers kann mit verschiedenen Gewürzen wie Muskat, Zimt, Nelken oder Vanille verfeinert werden. Für einen noch besseren Geschmack wird der Kürbis, bevor er in einem Sudkessel landet, geröstet. Wer also seinen Freunden auf der Halloweenparty imponieren möchte, sollte das Kürbisbier definitiv im Hinterkopf behalten.

Bier aus Kaffeebohnen

Bier aus Kaffeebohnen. ? Hört sich zuerst einmal gar nicht so verrückt an. Dennoch sind es nicht irgendwelche Kaffeebohnen, denn diese gingen vor der Verarbeitung erst einmal durch den Verdauungstrakt eines Elefanten. Das Elefantenkot-Kaffee-Bier ist in Deutschland eher unvorstellbar, aber in Japan eine Spezialität und total beliebt.

Bunte Biere

Neben dem kuriosen Elefantenkot-Bier gibt es in Japan Biersorten in den verschiedensten Farben. So gibt es zum Beispiel ein blaues Bier, welches aus Seetang gebraut wird, oder ein grünes Bier, welches mit Teepulver vermischt wurde

Tomaten Bier

Tomatensaft mag ja nicht für jeden etwas sein, aber vielleicht tut es ja ein Tomaten Bier. Denn das ist in Japan super populär. Es wird in einer der größten Brauereien Japans gebraut. Für die Herstellung von25 Litern Tomaten Bier werden 10 Kilogramm Tomaten verarbeitet. Dazu kommen Sellerie und Basilikum. Der beim Einkochen entstandene Sud der Tomaten wird im letzten Schritt mit einem naturtrüben Starkbier vermengt, der dem Bier den typischen

Biergeschmack verleiht. Bis das Bier zum Verzehr geeignet ist, muss es jedoch erst eine Woche im Kessel reifen.

Lambics

Einzigartig in Belgien und unterschieden durch ihren sauren Geschmack sind Lambics weder eindeutig obergärig noch untergärig, sondern entstehen durch Spontangärung mittels wilder Hefen.

Geuze / Gueuze

Gueuze, auch wegen der Flaschengärung als Brüsseler Champagner bekannt, ist ein funkelndes Bier, das durch den Verschnitt verschiedener Lambics mit anschließender zweiter Flaschengärung erzeugt wird.

Trappistenbiere

Obergäriges Bier gebraut in einem Trappistenkloster. Um in diese Kategorie qualifiziert zu werden, muss der komplette Produktionsprozess innerhalb des Klosters ablaufen oder durch Trappisten-Mönche beaufsichtigt werden. Dies erfüllen nur acht Klöster, die alle in Belgien, den Niederlanden oder Österreich liegen.

Belgisches Rotbier

Bekannt gemacht durch die Brauerei Rodenbach, die diesen Typ vor mehr als einem Jahrhundert entwickelte. Unterscheidungsmerkmale dieses Bieres sind ein intensiver gedörrtes Malz, eine Gärung mit einer Mischung von 'gewöhnlicher' obergäriger Hefe und einer

Milchsäurebakterien-Kultur (derselbe Typ, aus dem auch Joghurt hergestellt wird) sowie die Reifung im Eichenfass. Das Ergebnis ist ein Bier mit ca. 5 % Alkohol, einer tief rötlich-braunen Farbe sowie einem sauren, fruchtigen und intensiven Geschmack.

Das stärkte Bier der Welt

Ein schottisches Bier hält den Rekord. Mit einem Alkoholgehalt von 67,5 Prozent ist "Snake Vanom" (zu Deutsch: Schlangengift) das stärkste Bier der Welt. Laut dem Brauer hat es ein süßes und nussiges Aroma und einen intensiven Abgang.

Bierbrand

Als Bierbrand oder Eau de vie de bière
darf als eine Spirituose bezeichnet werden, die ausschließlich durch unmittelbare Destillation von frischem Bier gewonnen wurde. Sie muss so destilliert werden, dass das Destillationserzeugnis die geschmacklichen Merkmale von Bier aufweist und einen Alkoholgehalt von mindestens 38 Vol.-%, jedoch höchstens 86 Vol.-% beträgt.

7.　Die Geschichte vom Bier ohne Alkohol

Erste Versuche in Flensburg
Es gab bereits um 1895 Versuche, ein Bier zu brauen, dessen Gärung man vor Bildung des Alkohols einfach stoppt. Es konnte nicht überzeugen. Auch „Malzgold", „Reformbier" und „Perplex" aus Flensburg, die zehn Jahre später ausgeschenkt wurden, überlebten nicht lange.
Schweizer Erfolge
Bereits seit den 1930er Jahren verkaufte Feldschlösschen aus Rheinfelden im Kanton Aargau das alkoholfreie „Ex Bier"
1965 brachte der Schweizer Brauer Hans Hürlimann ein alkoholfreies Bier namens „Oro" auf den Markt. Dieses hatte er zusammen mit seinem berühmten Hefe-Experten Steiner in dreijähriger Forschungsarbeit entwickelt. Eine spezielle Hefe ließ kaum Alkohol entstehen, so dass der Alkoholgehalt unter 0,5% lag. Allerdings kam der Name des Biers bei den Kunden nicht so gut an, weswegen ihn Hürlimann 1972 in „Birell" änderte.

Die DDR entwickelte das erste deutsche alkoholfreie Bier: Das AUBI.
Der Auftrag
Seit 1956 galt in der DDR wie in den meisten Ostblockländern eine 0,0 Promille-Grenze für Autofahrer. Da die DDR-Bürger gerne und viel Bier tranken – zwischen 1960 und 1981 stieg der Bierkonsum um 52 Prozent auf 144 Liter pro Kopf – dachte die Partei-Führung in Ostberlin an die Entwicklung eines alkoholfreien Gerstensaftes.
Die SED-Führung ordnete die schnellstmögliche Entwicklung an, denn die DDR brauchte dringend ein alkoholfreies Bier. Die Wahl fiel auf Braumeister Ulrich Wappler von der Berliner Engelhardt-Brauerei auf der Halbinsel Stralau. Um ihn herum wurde ein vierköpfiges Kollektiv gebildet, das die Aufgabe

hatte, das erste deutsche alkoholfreie Bier mit maximal 0,5% Alkohol zu entwickeln. 1973 präsentierten Ostberliner Brauer das AUBI, das Autofahrer-Bier.

Ulrich Wapplers Leidenschaft für das Bier hatte sich früh gezeigt: Gleich nach der Schule war für den 14-jährigen Wernesgrüner klar: „Ich will lernen, wie man Bier braut." In seiner erzgebirgischen Heimatstadt absolvierte er in der Grenzquell-Brauerei (ging 1975 im VEB Wernesgrüner Brauerei auf) eine Lehre zum Brauer und Mälzer. 1954 zog es Ulrich Wappler nach Berlin zu Bürgerbräu. Im Herbst desselben Jahres wechselte er zur Engelhardt-Brauerei in Stralau, wo er später die Versuchsbrauerei leitete.

Über die Entwicklung des AUBI erzählte Ulrich Wappler später. „Schließlich erhielten wir den Auftrag. Das war im Jahr 1972. Zu der Zeit gab es im Ostblock kein alkoholfreies Bier mit einem Alkoholgehalt von 0,5 Volumenprozent oder weniger. Und der Erfahrungsaustausch mit der westlichen Welt war uns verboten. Auch Westliteratur wie die Brauwelt stand uns nicht zur Verfügung. Also haben wir uns unsere eigenen Gedanken gemacht. Circa ein halbes Jahr habe ich mich mit internationalen Patenten aus der Bierbranche beschäftigt. Ein Bekannter eines Kollegen hat derweil schon ein Etikett mit dem Namen „AUBI – Autofahrerbier entworfen. Alle waren begeistert."

Nach vielen Versuchen hatte das Brau-Team 1972 den ersten erfolgreichen Sud angesetzt und das Patent angemeldet. Das Bier hatte 7% Stammwürze und enthielt weniger als ein halbes Prozent Alkohol. Aber, so erzählt Wappler weiter, das AUBI schmeckte zunächst furchtbar. „Leider wurde die Auslieferung beantragt, als wir mit unseren Versuchen noch gar nicht fertig waren. Trotzdem wollten wir den Geschmack unbedingt verbessern. Und so habe ich mich mit Professor Donhauser von der Universität München getroffen, obwohl das streng verboten war. Ich habe ihm unser Problem geschildert und er hat mir freundlicherweise sehr geholfen, vor allem bei der Geschmacksverbesserung." Das war Hilfe aus dem Westen!

Das Bier mit dem Namen AUBI (Autofahrer- Bier) wurde auf der Leipziger Messe 1973 das erste Mal einem großen Publikum vorgestellt. Das AUBI interessierte auch das „kapitalistische" Ausland. Ab 1986 lieferte die Stralauer Engelhardt-Brauerei „Foxy Light" nach Michigan und „Berolina" u.a. nach England.

In den 1980er Jahren wurde Aubi auch im thüringischen Neustadt/Orla, in einem Betriebsteil des VEB Rosenbrauerei Pößneck, gebraut. Nach der Wende wurde die Produktion in beiden Brauereien 1990 eingestellt. Seit 1998 ist AUBI eine geschützte Marke der thüringischen Dingslebener Privatbrauerei Metzler. Es wird dort als alkoholarmes Bier mit einem Alkoholgehalt von weniger als 0,5 Volumenprozent und einer anderen Rezeptur gebraut.

Die Entwicklung in der Bundesrepublik

Die Nachricht vom „Alkoholfreiem" aus der DDR erreichte auch die westdeutschen Brauer. Dort kooperierten einige größere Brauereien mit dem Schweizer Hürlimann und vertrieben sein Birell. Diese ersten Versuche gerieten aber schnell ins Vergessen, als 1977 Henninger mit „Gerstel" und 1979 Binding mit „Clausthaler" den westdeutschen Markt eroberten.

In den Jahren 2006 und 2007 erschienen erste Biere mit 0,0 % Alkohol am bundesdeutschen Markt. Laut einem bekannten Mediziner aus dem Fernsehen ist alkoholfreies Bier ein Probiotikum und gut für die Darmbakterien, d.h. hilft beim Aufbau einer gesunden Darmflora (dem Darmbiom).

Alkoholfreies Bier: So funktioniert die Herstellung

Alkoholfreies Bier kann durch verschiedene Methoden gewonnen werden. Jedes Verfahren hat dabei Vor- und Nachteile.

Bei der Membrantrennung wird das Bier mit Druck durch eine Folie gepresst, die nur Wasser und Alkohol durchlässt. Das hoch konzentrierte Produkt wird anschließend mit diffundiertem Wasser gemischt, bis der Alkoholgehalt bei 0,5 % oder weniger liegt. So produziert beispielsweise Krombacher sein alkoholfreies Bier.

Die Pervaporation ähnelt der Membrantrennung. Bei diesem Verfahren wird der Alkohol allerdings außen an der Folie erhitzt, in den gasförmigen Zustand gebracht und so separiert. Durch den großen Druckunterschied werden die Aromen des Biers noch besser vom Alkohol getrennt.

Auch bei der Dialyse wird eine Membran verwendet, diese lässt aber mehr durch. Das Wasser und das Bier fließen in entgegengesetzten Richtungen. Dabei geht der Alkohol ins Wasser über, bis nur noch höchstens 0,5 % Alkohol im Bier enthalten ist.

Beim Destillationsverfahren wird das Bier erhitzt. Da Alkohol einen niedrigen Siedepunkt hat, kann er so einfach vom Rest des Bieres getrennt werden. Allerdings gehen bei diesem Prozess auch weitere Inhaltsstoffe des Bieres, wie Aromen und Öle, verloren. Dieser Nachteil ist bei allen vorgenannten Prozessen der Fall und wird zum Teil dadurch ausgeglichen, dass man unbehandeltes Bier zumischt ohne die 0,5 % -Marke zu überschreiten und so den „Geschmack" wider hineinbekommt.

Alkoholfreies Bier kann auch hergestellt werden, indem die Gärung unterdrückt oder vorzeitig abgebrochen wird. Somit bildet sich kein Alkohol, aber auch nicht alle biertypischen Aromen. Diese Methode wird zum Beispiel von der Brauerei Bitburger angewendet.

8. Bierfilz und Bierdeckel

Der Bierdeckel, auch Bierteller oder Bierfilz genannt, diente vornehmlich als eine Unterlage für Bierkrüge und - gläser bzw. zum Abdecken des Inhaltes, um es vor Schmutzeintrag zu schützen. Er ist meist aus Pappe und rund mit standardmäßigem Durchmesser von 107 mm.

Bierfilze wurden insbesondere im Mittelalter in den Schänken benutzt, um das Getränk vor Schmutz und Ungeziefer zu schützen. Diese waren meist aus Wolle und konnten bei Verschmutzung einfach gewaschen werden. Andrerseits barg diese Verfahrensweise auch gesundheitliche Probleme, da der Bierfilz einfach nach Gebrauch nur ausgespült wurde und sich so viele Keime ansiedeln konnten. Das Wasser war bekanntlich nicht hygienisch einwandfrei.

Im 19. Jahrhundert tranken die reichen Leute das Bier aus Bierseideln mit Deckeln aus Zinn oder Silber. Einfache Leute benutzten Krüge ohne Deckel. Trank man Bier im Ferien, dann legte man diese Filze auf den Krug, damit weder Ungeziefer noch Laub das Bier verunreinigten. Aus diese Funktion heraus stammt die Bezeichnung Bierdeckel.
Ab1880 stanzte die Kartonfabrik Horn in Buchau bei Magdeburg Biergläseruntersetzer aus Pappe und druckte verschiedenen Motive auf. Schließlich erfand Herr Spoth aus Dresden 1892 den Vorkäufer des heutigen Bierdeckels. Diese Holzfilzplatten hatten bereits einen Durchmesser von 107 mm.
1903 begann ein Herr Katz im Murgtal die bis heute gebräuchlichen Bierdeckel aus heimischen Fichtenholz in Holzschliffpappe industriell zu fertigen.

Hauptzweck ist es, das Kondenswasser, welches sich durch die warme Umgebungsluft an der Außenseite der kalten Glaswand bildet und nach unten läuft, aufzusaugen.

Die Zeche im Blickbehalten. Der Bierdeckel ist der Gradmesser für den Hochleistungstrinker. Auf ihm werden in Form von Strichen die Rekorde verzeichnet, die Auch die Getränkerechnung lässt sich daraus ganz einfach ableiten. Das Absetzen auf ihn dient auch er Versicherung, dass der eigne Bierdeckel nicht gegen den des Kollegen/in ausgetauscht wird.

Die Briten können schöne Bierdeckel, nicht so langweilig rund

Anschreiben lassen oder „einen Deckel machen"

Durch Aufbewahren eines „Unbezahlten" Bierdeckels, mit Strichen oder einem Geldbetrag beschriftet, gewährten manche Wirte ihren Stammgästen einen Zahlungsaufschub.
Unter Anschreibenlassen oder Borgkauf versteht man vor allem im Einzelhandel einen ungeregelten Lieferantenkredit. In der Kneipe auf dem Bierdeckel vermerkt der Wirt einen Warenkredit, der dann wöchentlich oder monatlich bezahlt wird.
Diese Vorgehensweise gab es schon im Mittelalter. Damals wurden die Schulden allerdings nicht auf einen Zettel geschrieben, sondern mit Kreide auf eine Tafel Die Außenstände wurden angekreidet. Hier der Bezug zu dem Auspruch „bei jemandem in der Kreide stehen." Mit Hilfe der Tafel behielt der Wirt den Überblick über Außenstände seiner Gäste. Der Zecher bekam bzw. sah also nicht Schwarz auf Weiß (heute auf Papier) , was er zu bezahlen hatte , sonder gegenteilig Weiß auf Schwarz.

Mit wie vielen Bieren stehen wir beim Wirt in der Kreide ? Die Gäste zählen die Kreidestriche auf ihrem Tisch, die der Wirt für jedes gelieferte Bier hinterlassen hat. Die Zeche wird von den Trinkenden gemeinsam bezahlt, egal wie viel jeder Einzelene davon tatsächlich getrunken hat. Damit nicht mit doppelter Kreide geschrieben wurde (durch den Wirt oder die Gäste entfernten Kreidestriche), wurden parallel auf dem Tisch als auch auf einer Tafel bzw. an einem Holzbalken Kreidestriche für jeden Tisch vermerkt.

Wurden die Schulden endlich beglichen, entfernte der Wirt den entsprechenden Eintrag auf der Tafel oder dem Holzbalken, er ging er Bierliebhaber am Abend aufstellt. mit dem „Schwamm drüber". Wenn man etwas als erledigt betrachtet , sagt man auch heute noch „Schwamm Drüber „.

Eine inhaltlich und geschichtlich ähnliche Redewendung lautet. "Etwas auf dem Kerbholz haben." Wenn keine Kreide zur Verfügung stand, so wurden Kerben in den Holzbalken neben der Theke eingeschnitten als Darlehen, bis der Gast bezahlt hatte.

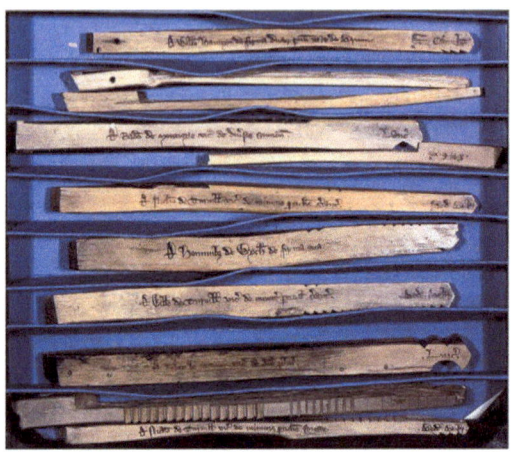

Mittelalterliche Kerbstöcke

Die Pilsrosette

Wie nennt man eigentlich das Ding aus Papier auf dem Fuß eines Pilsglases?

Wer Bier trinkt, hat es mit Sicherheit schon einmal gesehen: Das dünne, runde Stück Papier, das auf dem Fuß eines Pilsglases aufliegt. Hätten Sie gewusst, wie es heißt?

Es ist ein Detail, das man vielleicht schon einmal in einer traditionellen Kneipe oder bei einer Brauereibesichtigung gesehen hat: Ein kleines Stück Papier, das kunstvoll gefaltet oder gestanzt am Boden eines Pilsglases liegt.

Die Pilsrosette am Fuß des Pilsglases ist ein besonderes Element der Bierkultur, denn sie ist funktional und dekorativ zugleich. Ihre Aufgabe ist es, das Kondenswasser aufzufangen, das sich an heißen Sommertagen oder in gemütlich warmen Kneipen am Glasfuß sammelt. So schützt das Deckchen die Tischoberfläche vor unschönen Feuchtigkeitsringen.

Aber nicht nur einen praktischen Zweck erfüllt die Pilsrosette. Sie ist ein charmantes Detail, das vor allem beim frisch gezapften Pils gerne eingesetzt wird, um den Moment des Biergenusses zu veredeln. Ihre filigrane Gestaltung, oft aus feinem Papier oder dünner Pappe, passt perfekt zum schmalen Fuß des Pilsglases. Ob schlicht weiß, mit Brauerei-Logo **bedruckt oder** kunstvoll verziert: Die Pilsrosette ist eine Hommage an die Liebe zum Detail. Zudem gibt es noch eine Funktion, die umgedrehte Pilsrosette beim Radler, damit die Servicekraft Pils und Radler sofort beim servieren unterscheiden kann. Gewußt ? Pilsrosette oder Pilsdeckchen – zwei Namen, eine Tradition

Ob man das Stückchen Papier Pilsrosette oder Pilsdeckchen nennt, hängt oft von der Region oder der persönlichen Vorliebe ab. Der Begriff "Rosette" verweist auf die häufig blütenartige Form des Papiers, die an dekorative Elemente aus der Architektur erinnert. "Deckchen" hingegen hebt den schützenden und dekorativen Charakter dieses kleinen Helfers hervor. Beide Begriffe sind geläufig, doch die Pilsrosette hat sich vor allem in gastronomischen Fachkreisen durchgesetzt. Trotz ihres schlichten Aussehens war die Pilsrosette über viele Jahrzehnte ein fester Bestandteil der deutschen Bierkultur. Ihre Blütezeit erlebte sie in den 1950er und 1960er-Jahren. Sie galt als Zeichen guter Gastlichkeit. Heute wird sie vor allem in traditionellen Gasthäusern oder zu besonderen Anlässen verwendet, während robuste Bierdeckel aus Pappe oder Filz den Alltag der modernen Gastronomie prägen.

Ein nostalgisches Accessoire mit Zukunft

Die Pilsrosette mag auf den ersten Blick wie ein Relikt aus vergangenen Zeiten wirken, doch sie erzählt viel über die Kultur des Biergenusses. Sie steht für Sorgfalt und Eleganz, für die Liebe zum Detail und für eine Zeit, in der man sich auch um die kleinsten Details der Tischdekoration kümmerte. Ihr Gebrauch vermittelt einen Hauch von Nostalgie und zeigt, dass Biergenuss nicht nur eine Frage des Geschmacks, sondern auch des Rituals ist.

9.   Gut verschlossen muss es sein

Zuallererst kam Bier in große Tonkrüge und dann später in Holzfässer. Zur Lagerung und zum Transport. Das gute, alte Holzfass hat weitgehend ausgedient. Die herkömmlichen Eichenfässer mussten nach jeder dritten oder vierten Füllung neu gepicht (mit Pech abgedichtet) werden. Sie wurden innen mit einer dünnen Pechschicht ausgekleidet, die verhinderte, dass sich das Holz mit Bier vollsaugen und Kohlensäure entweichen konnte. Sehr viel praktischer und rationeller im Unterhalt, auch besser zu reinigen, sind die leichten Aluminium-Fässer und Aluminium-Tanks, in denen das Bier bis zur Abfüllung lagert. Alte Bierfreunde mögen dem dickleibigen Holzfass nachtrauern, es führt kein Weg daran vorbei: die Kellerromantik ist dahin. Ähnlich wie beim Wein, der heute meist in modernen Lagerbehältern aus Kunststoff, Beton und Edelstahl ausgebaut wird, verdrängen beim Bier Metall und Kunststoff das Naturprodukt Holz mehr und mehr. Auch die blankpolierten Holzfässer, die, auf den Brauereiwagen aufgetürmt, von prächtig herausgeputzten Brauerei-Rössern bei großen Volksfesten im Zug mitgeführt werden, sind nur noch Schaustücke: außen glänzend – innen leer.

Zu Beginn des 20. Jahrhunderts erfolgte eine Änderung der Konsumgewohnheiten im Getränkeverbrauch, Mineralwasser wurde von der Medizin zum Volksgetränk, Bier – bisher hauptsächlich im Fass geliefert – erfreute sich als Flaschenbier zunehmender Beliebtheit, und das alles bei zunehmender Bevölkerung. Hinzu kam die fortschreitende Industrialisierung, Ablösung der Glasmacherpfeife durch die Halbautomaten in der Glasindustrie . So konnten massenhaft Flaschen zu erträglichen Preisen hergestellt werden. Man nennt es Formglas.

Material der Bierflaschen

Das Material der Bierflaschen spielt eine wichtige Rolle in der Brauindustrie. Um das Bier frisch und geschmackvoll zu halten, werden verschiedene Materialien für die Flaschen verwendet. Glas ist das am weitesten verbreitete Material für Bierflaschen, da es die ideale Barriere gegen Licht und Sauerstoff bietet.

Glasflaschen schützen das Bier vor UV-Strahlen, die den Geschmack verderben können, und halten auch den Sauerstoffgehalt niedrig, um eine Oxidation zu verhindern. Ein weiteres Material, das für Bierflaschen verwendet wird, ist Kunststoff. Plastikflaschen sind leichter und können beim Transport weniger leicht brechen als Glasflaschen.

Sie sind auch in verschiedenen Größen erhältlich und ermöglichen eine praktische Lagerung. Allerdings kann Kunststoff den Geschmack des Biers beeinflussen und ist daher weniger beliebt bei Craft-Brauereien oder anspruchsvollen Bierliebhabern. Ein aufstrebendes Material für Bierflaschen ist Aluminium.

Aluminiumflaschen sind leicht, langlebig und recycelbar. Sie bieten eine gute Barriere gegen Licht und Sauerstoff und können auch mit verschiedenen Designs bedruckt werden. Diese Flaschen werden oft für Craft-Biere verwendet und gewinnen aufgrund ihrer Umweltfreundlichkeit und ihres modernen Aussehens an Beliebtheit.

Insgesamt hängt die Wahl des Materials für Bierflaschen von verschiedenen Faktoren wie dem gewünschten Geschmackserlebnis, der Haltbarkeit und der Nachhaltigkeit ab. Glas bleibt jedoch das bevorzugte Material für die meisten Brauereien, da es die Qualität und Frische des Biers am besten bewahrt.

Bier wird heutzutage entweder aus der Flasche getrunken oder zum Trinken in ein Trinkglas gefüllt. Die Unsitte auf der Straße mit der Bierflasche (Bierpulle) zu laufen und zu trinken, find ich abartig. Das hat keinen Stil und wird dem Getränk Bier nicht gerecht . Anders in den USA. Hier trinkt man gar nicht draußen und wenn im Auto, dann mit einer Tüte drumherum.

Ganz banal werdet ihr sagen. Ist es auch, denn hiermit gliedere ich schon mal nach Flaschen und Gläser.

Kommen wir zunächst zu den Flaschen. Eine besondere Form der Flasche ist der **Siphon**.

Ein Siphon oder Syphon wurde früher als Transportmittel für Bier verwendet, heute sind es vor allem wunderbar dekorative Flaschen, welche das Bier nicht nur zum kulinarischen Genuss werden lassen, sondern auch optisch Freude bereiten. Da wurde früher der Sohn vom Papa oder der Enkel vom Opa mit dem Siphon in die Gaststube geschickt um Bier zu holen. Es galt noch nicht der Jugendschutz wie heute.

Der Siphon als Begriff ist mehrfach belegt und ist einmal eine Glasflasche, ca. 1-3-Liter groß mit Bügelverschluss zu versehen, zweitens gibt es den Soda-Siphon aus den 20-er Jahren, auch noch heute gebräuchlich im Haushalt und im Barbetrieb und drittens der ganz gewöhnliche Geruchsverschluss für Abwasserleitungen.

Die Bügelflasche

Zwei Berliner entwickelten 1875 den Bügelverschluß, der 1876 weiterentwickelt wurde und 1877 wurde hierfür in Berlin eine Produktionsstätte gegründet. In dieser Zeit entstanden die 1l, 2 l und 3 l Großbierflaschen – auch Biersiphons genannt -, die mit Klappdeckelverschlüssen versehen waren.

Diese Biersiphons hatten einen mit Schellen befestigten Metallhenkel, zumeist aus Zinkguss. Letztlich realisieren unterschiedlichste Varianten des Flaschenverschlusses die Funktion des Überdruckventils.

Der Kronkorken

Nach dem Bügelverschluß feierte der Kronkorken in Größenordnung seinen Einzug, weil er mit den Abfüllanlagen gut verarbeitet werden kann. Der Kronkorken ist ein kreisförmiges Blechstück, dessen Rand kronenförmig gebogen und mit einer Dichtungseinlage aus Polyethylen (PE) versehen ist.
Er hatte früher 24, heute 21 Zacken. Die Umstellung hatte einen Grund,. Die ungerade Zahl verhindert das technologische Verkanten.

Doch nun wieder zu den Flaschen. Dies müssen durchscheinend sein, um die Sauberkeitskontrolle zu realisieren. Zur Inhaltskennzeichnung werden Etiketten verwendet. Zusätzlich werden die Bügelverschlüsse mit einem Halsetikett versehen als Kontrolle, dass die Flasche noch nicht vor dem Verkauf geöffnet wurde und als Werbefläche genutzt.
Der Flaschenboden ist nach innen gewölbt und die Zylinder sind mit Stoßrippen versehen, um Bruch zu verhindern beim gegenseitigen Anstoßen. Bier wird meist in eingefärbten

Flaschen gehandelt, um den Lichtgeschmack durch die UV_Strahlung zu vermeiden (Zersetzung der Hopfenbitterstoffe in 3 Methyl-2-buten-1-thiol). Hier kommt der Chemiker wieder durch.

Wisst ihr eigentlich, wie man erkennt, ob in der Brauerei die Marketingabteilung mächtiger ist als der Brauer? An der farblosen Bierflasche! Und an der Grünen! Und an der Blauen! Warum? Wegen des Lichtgeschmacks. Während braune Flaschen das sichtbare Licht bis 500 nm noch gut absorbieren, kann es durch farblose Flaschen einfach durchdringen. Und auch grüne Flaschen sind nicht wirklich gut. Sie absorbieren zwar Licht bis ungefähr 400 nm, aber der besonders energiereiche Teil (das blaue Licht zwischen 400 und 500 nm) kann auch grünes Glas durchdringen. Ähnlich, aber noch etwas stärker ist es bei blauen Flaschen. Grüne Flaschen wurden damals in der DDR gern vom Verbraucher aussortiert, weil man der Meinung war, in grünen Flaschen hat das Bier und damit der Geschmack gelitten, was ja auch stimmt. In grünen Flaschen war der Satz besser zu sehen und das Bier damit minderwertig. Aber die Farbe spielte bei der Qualität keine Rolle, sondern der Produzent.

Braunglas, das ist richtig, kann das kurzwellige Licht besser absorbieren.

Als Lichtgeschmack wird das Fehlaroma von Lebensmitteln bezeichnet, das allein durch die Einwirkung von Tageslicht entsteht. Da der Lichtgeschmack in ungehopften Bieren nicht auftritt, hat man schon früh festgestellt, dass da ein Zusammenhang mit dem Hopfen bestehen muss. Konkreter noch, mit den Iso-Alpha-Säuren. Ebenfalls hat man festgestellt, dass Riboflavin (besser bekannt als Vitamin B2) eine Rolle spielt. Die Wellenlänge zwischen 350 und 500 nm ist deshalb besonders gefährlich für den Biergeschmack. Nun erkläre mir einer, warum das Corona-Bier (nicht die

Krankheit) in farblose Flaschen abgefüllt wird. Wahrscheinlich auch eine Marktingentscheidung!

Zu DDR-Zeiten baute man in Zwickau Autos aus Plaste. Seit Anfang der 2000-er Jahre sind auch Kunststofflaschen für Bier gebräuchlich. Wer das mag , soll es genießen, ich auf keinen Fall. Hier bin ich mir nicht sicher, inwieweit das Herauslösen der Weichmacher gesundheitsschädlich sein kann oder auch den Geschmack beeinflusst.

Die gängige Flaschenform leitet sich von den traditionellen Weinflaschen ab, wie zylindrischer Körper und verjüngter Hals . Mit Beginn der 1960-er Jahre wurde das Sortiment durch die Steinieflasche ergänzt (bessere Bruchsicherheit) und Ende 1980-er Jahre kam die Euroflasche Standard 0,5 Liter hinzu. Danach wurde auf die NRW_Flasche „Vichyform „ aus Designe-Gründen umgestellt. Damit nicht genug, kam noch die Longneck/Langhalsflasche hinzu und heute will jede größere Brauererei ihre eigen designte Flasche mit Prägung führen.

Dieses Durcheinander und Nebeneinander von verschiedensten Flaschenformen hat dazu geführt, dass durch die Brauereien ein zusätzlicher Aufwand betrieben werden muss, um Fremdflaschen auszusortieren. Die Abfüllstrecken sind speziell auf die jeweilige Flaschenform ausgerichtet. Die Fremdflaschen müssen dann wieder zurückgeführt werden mit zusätzlichem logistischen Aufwand für alle Brauereien.

Das Gleiche gilt für die Bierkästen, da jede Brauerei ihren eigenen Bierkasten produzieren lässt. Den Sortieraufwand haben sie dabei überwiegend dem Handel übertragen, zu deren Leidwesen.

Die Getränkedose

Zu Guter letzt gibt es noch die Getränkedose. Bier wird aber auch in Büchsen oder Dosen abgefüllt, in sogenannte Blechsemmeln. Wo kam das her, natürlich aus den USA ! Die erste Bierdose – die erste Getränkedose überhaupt – wurde 1933 in den USA vorgestellt. Die ersten Bierdosen hatten keinen integrierten Verschluss, sondern mussten vom Konsumenten mit einem spitzen Werkzeug, wie einem Dosenöffner „angestochen" werden. Früher war sie aus Schwarzblech, heute wird sie aus Aluminum gezogen.

In den 1970er-Jahren wurden verschiedene Versuche unternommen, den Verschluss so abzuändern, dass dieser nicht als eigenständiger Abfall anfiel.

Dosenbier ist kein Fassbier! Dosenbier ist billig! Kurz: Dosenbier hat einen schlechten Ruf. Warum eigentlich? Es ist eine luft- und lichtdichte Verpackung aus korrosionsfreiem Metall. Was unterscheidet eine 0,5 Liter Dose von einem 5 Liter Partyfass? Oder von einem 10 Liter „Pittermännchen" aus kunststoffummantelten Metall? Oder von einem Gastronomiefass aus Edelstahl (KEG)?

Letztendlich ist es nur die Füllmenge. Hygienisch betrachtet kann derjenige, der direkt aus der Dose trinkt Bier auch gleich aus einem frisch benutzten Putzeimer schlürfen. Die Dose ist von außen Staub, den Umwelteinflüssen und Verunreinigungen ausgesetzt! Der Direktkontakt gleicht einer Mutprobe! Also merken, wenn man keinen Herpes oder andere Infektionen bekommen möchte.

Aber zurück zum Bier. Ob ein Bier über einen Pull-up-Verschluss, über einen Kunststoffhahn, Metallhahn oder KEG-Anschluss in das Glas des Konsumenten gelangt beeinflusst **nicht** die Qualität des Bieres.

Sicherlich gab es Zeiten ohne Dosenpfand als der schlechte Ruf des Dosenbiers nicht unberechtigt war. Aber Ursache war neben der Konsumentenklientel auch das Wegwerfimage und die Preispolitik: Billigbier in Billigdose für Billigkonsumenten.

Als der Anteil des Dosenbiers mehr als 20 % der abgefüllten Biermenge in Deutschland entsprach und leere Bierdosen überall die Landschaft verschandelten, handelte die Politik und führte auch für Dosen ein Zwangspfand ein. Der Handel reagierte und warf vielerorts die Dosen wegen der Rücknahmeverpflichtung aus dem Sortiment. Natürlich hatte dies einen massiven Einbruch des Dosenabsatzes zur Folge und es klagten viele Brauer natürlich über Absatzeinbußen.

Aber all diese historisch-politischen Ereignisse ändern nichts daran, dass eine Bierdose vor allem 100% lichtdicht ist und das Bier damit theoretisch besser schützt als jede Flasche. Die Dose ist zudem bruchsicher und leichter als Glas. Wenn man pfandbedingt den Wertstoffkreislauf ernst nimmt, ist die Dose nicht die schlechteste aller Bierverpackungen. Aber immer bitte kombiniert mit einem Glas!!!

Um das Image der Dose aufzuwerten, wurden die kuriosesten Dinge angeboten, wie z.B. ein Getränkedosenaufsatz für "besseren Trinkgenuss".

Bierflaschen und ihre Formen

Die Bügelflasche:

Die Euro-Flasche: Die   Langhals-/Longneck-
Flasche:

Die NRW-Flasche: Die Steinieflasche

83

Die Vichyflasche: Die geprägte Flasche:

Hinzu kommen noch verschiedene Bierflaschen aus den einzelnen Regionen oder Brauereien in den Größen 0.33 l bis zu 5 l meist mit Bügelverschluss , aber auch mit Kronenverschluss.

10.   Sitten und Gebräuche

Das Anstoßen und Zuprosten

Das Anstoßen, dieser Brauch stammt aus dem Mittelalter, als man den Wein aus Tonkrügen trank. Das Anstoßen war derart schwungvoll, dass die Flüssigkeit stets überschwappte und sich die Weine der anstoßenden Gäste vermischten. Man wollte auf Nummer sicher gehen, es könnte ja sein, dass das Getränk vergiftet ist. Denn es war zur damaligen Zeit Gang und Gäbe, einen unliebsamen Gefährten mit Gift aus dem Wege zu räumen. Zierte sich derjenige daraufhin zu trinken war Vorsicht geboten. Vor allem Könige und Herrscher war das eine kluge Vorsichtsmaßnahme. Dazu dingten sie sich extra Leute, die Vortrinken mussten.

Gleichwohl sei es eine alte heidnische Sitte, um böse Geister zu vertreiben. Dieses spirituelle Tun aus der Antike stammend, sollte durch das klirren der Gläser / Becher böse Geister und Dämonen vertreiben. Vermutlich erschienen die Geister eher dem einen oder anderen jedoch erst nach dem vierten oder fünften Glas.

Eine weitere These besagt, dass es seinen Ursprung im 16. Jahrhundert hat. Im reichen Bürgertum zogen Tischmanieren ein. Es war ein Zeichen des Wohlstandes, jeden Gast ein eigenes Glas anzubieten. Im frühen Mittelalter ging ein Krug die Runde, um dem edlen Spender oder dem hohen Gast zu huldigen. Auch hier kann man vermuten, dass das gemeinsame trinken aus einem Krug die Vergiftungsgefahr verringerte.

Zur Trinkkultur gehören neben dem Trinken auch das Zubereiten und Präsentieren von alkoholischen Getränken.

So wird heute sehr gern ein Toast ausgesprochen, d.h. es wird erklärt, worauf die Anwesenden trinken.

Die Redewendung „einen Toast aussprechen" stammt aus England des 19. Jahrhunderts. Englische Lords gaben ein Stück geröstetet Brot in das Weinglas, damit der Wein besser schmeckt.

Das Zutrinken gehört zu den ältesten Trinkgebräuchen. - „Prost" oder „zum Wohl" .

Die Regeln beim Anstoßen sind in Deutschland recht einfach. Die Anstoßenden müssen sich in die Augen schauen, sonst drohen ihnen sieben Jahre Pech (oder schlechter Sex). Zudem dürfen die Teilnehmer nicht über Kreuz anstoßen.

Aus dem Zeichen des Vertrauens wurde im Laufe der Zeit eine Sitte.

In Bayern konzentriert sich das Brauen vor allem auf das oberfränkische Gebiet um Bamberg und Kulmbach und wird scherzhaft deshalb Bierfranken genannt. Dort gibt es auch heute noch die größte Brauereidichte der Welt. Dort gibt es auch eine Bierstrasse und Bierwege und es werden Biertouren und Bierwanderungen zu Fuß und mit dem Rad angeboten. Manchmal auch mit dem Kremser. Sehr zu empfehlen ist auf jeden Fall eine Bierschmeckerreise nach Bamberg durch

Bambergs Brauereigaststätten und natürlich alle anderen Sehenswürdigkeiten mit Übernachtung und freie Fahrt mit dem Bus, damit man alle Lokalitäten bequem erreichen kann. Übrigens auch schon selbst gemacht. Bamberg und seine Einheimischen leben für ihr Bier. Knapp 100 Brauereien finden sich im Landkreis Bamberg, allein neun davon liegen in der Bierkulturstadt.

Der oberfränkische Teil der Fränkischen Bierstraße führt quer durch die einmalige Landschaft der Fränkischen Schweiz. Dazwischen findet man überall versteckt kleine und kleinste Familienbrauereien, die seit Hunderten von Jahren ihre jeweiligen Bierspezialitäten Brauen. Weiter geht es über die Bierhauptstadt Bamberg mit ihren zehn Brauereien hinauf ins Lichtenfelser Land, den Gottesgarten am Obermain.

Schaut nur, wie die Sonne lacht, die Kellnerin hat Bier gebracht.

Biergarten in Bamberg auf dem Berg

Hier thront ein weiterer Heiliger Berg, der Staffelberg, um den herum auch zehn Brauereien auf Ihre Erkundung warten. Nicht ganz so heilig, aber sicher auch einen Besuch wert, ist der Kreuzberg bei Hallerndorf, der mit einem Brauhaus und drei Bierkellern ein echtes Biermekka darstellt, übrigens am Jakobsweg gelegen.

Hier reiht sich ein uriger Brauereigasthof und Biergarten an den nächsten und hinzu kommt, dass es aus dem Steinkrug einfach noch besser schmeckt. Höhepunkte sind das Dorf mit der weltweit höchsten Brauereidichte, der größte Biergarten der Welt und die Natur der Fränkischen Schweiz.

Jede kleinere Gemeinde hat mindestens eine eigene Brauerei mit angeschlossenem Biergarten. Übrigens gehören Biergärten zur bayerischen Trink- und Sozialkultur. Mit vier Brauereien bei rund 1.280 Einwohnern ist Aufseß Weltrekordhalter für die größte Brauereidichte pro Einwohner.

Der Forchheimer Kellerwald mit seinen rund 30.000 Sitzplätzen ist der größte Biergarten der Welt. Hier gibt es 23 Bierkeller und einen Aussichtspunkt, von dem aus über ganz Forchheim geschaut werden kann. Ein herrlicher Ausblick!

Kellerwald Forchheim

Eine Besonderheit in Bayern ist, das man sein Essen - seine Brotzeit – mit in den Biergarten nehmen kann. Das ist historisch verbürgt. Die Biergärten gehörten früher zu den Brauereien, die ihre Produktion nicht erste an die Wirte geben, sondern direkt vermarkten wollten. Dafür bekamen sie eine Lizenz. Die Ausgabe von Speisen war ihnen jedoch untersagt. Inzwischen hat sich das geändert, jedoch Tradition bleibt Tradition!

Bei einem Besuch in der Gaststube der Brauerei Mars in Bamberg, fiel mir die mitgebrachte Brotzeit auf und in Forchheim lernte ich persönlich die berühmten Bierkeller im Kellerwald kennen.

- Jeder Tag hat seine Plagen, ein Krüglein Bier schafft Wohlbehagen.

Bierkränzchen

Im 18. Jahrhundert gehörten die Bierkänzchen zum guten Ton und waren Teil des Alltags der Oberschicht. Dabei versammelten sich nicht nur Frauen, sondern auch Verwandte und Bekannte zu einem gemeinsamen Umtrunk. An schönen Tagen wurde daraus ein Picknick oder eine Landpartie.

uriges Lokal der Marsbrauerei

-Tagesangebot: Kaltes Schaumsüppchen von Hopfen und Malz auf Bierdeckel.

Pullerparty

Wann macht man eine Pullerparty? Die Pullerparty fand früher traditionell im Haus der frischgebackenen Eltern am Abend der Geburt statt. Da aber heutzutage viele Babys im Krankenhaus geboren werden, kann der Zeitpunkt auch etwas weiter nach hinten gelegt werden, wenn die Mutter dabei sein möchte.

Nachdem sich der Brauch über den norddeutschen Raum hinaus deutschlandweit verbreitet hat, trägt er (je nach Bundesland) Bezeichnung "Pullerparty" durchsetzen konnte, ist die Tradition in Nordrhein-Westfalen besser unter dem Namen "Babybier" oder "Pinkelparty" bekannt. In Nordhessen hingegen wird der Brauch "Pullerschnaps" genannt, wobei der Begriff "Babypinkeln" hierzulande wohl am bekanntesten ist. Doch unabhängig davon, wie viele Namen es für diese Tradition gibt – die Bedeutung bleibt die gleiche. Welche genau, erfahren Sie hier.

Der Begriff wurde zu einer Zeit erfunden, als es noch üblich war, sein Kind zu Hause auf die Welt zu bringen: Während sich die Mutter noch von den Strapazen der Geburt erholen musste, trommelte der Vater bereits Verwandte, Freunde und Nachbarn zusammen – um das neue Familienmitglied gebührend zu begrüßen. Und jetzt kommt der eigentliche Punkt, warum diese Tradition zur Pullerparty ernannt wurde: Das noch nackte Baby wurde herumgereicht, damit alle Gäste das Neugeborene einmal begutachten konnten. Wurde dabei jemand versehentlich angepinkelt, sollte derjenige lebenslanges Glück erfahren.

Und das ist noch nicht alles: Schon damals wurde die Geburt mit meist alkoholischen Getränken gefeiert. Der traditionelle

Umtrunk sollte dem Baby symbolisch beim Wasserlassen helfen – damit es keinerlei Schmerzen erleidet. Abgesehen davon müssen die Gäste beim feierlichen Babypinkeln auch das eine oder andere Mal "pullern". So verbreitete sich der Name des Brauchs nach seiner Entstehung im Norden Deutschlands über weite Teile des Landes und findet noch heute in vielen Haushalten Verwendung. Nur dass sich die meisten Frauen mittlerweile im Krankenhaus ausruhen und die Pullerparty zu Hause ohne Baby stattfindet.

Stärk´ antrinken

Am 6. Januar steht in Franken eine alte Tradition auf dem Programm: Das "Stärk' antrinken". Warum werden dabei zwölf Bier getrunken und was hat der Brauch mit dem Christentum zu tun?

Zum jährlichen "Stärk' antrinken" erwarten **Gaststätten und Brauereien** in ganz Oberfranken zahlreiche Besucher. Um die Tradition ranken sich viele Mythen: Beruht er beispielsweise tatsächlich auf einem christlichen Brauch? In der Regel trifft man sich bereits am Vorabend des 6. Januars im Familien- und Freundeskreis oder auch in Gastwirtschaften, um sich gemeinsam Stärke - im Volksmund "Stärk'" - für das neue Jahr anzutrinken. Unter "Stärk" wird Kraft und Gesundheit verstanden.
Damit die Stärke auch das ganze Jahr lang anhält, sollte für jeden Monat des Jahres ein "Seidla" vom Bock getrunken werden, erklärt der "Verein zur Förderung der fränkischen Braukultur". Als **Seidla** wird in Franken ein Bierkrug oder - glas mit einem **halben Liter Bier** bezeichnet.
Das **traditionelle Datum** zum "Stärk' antrinken" ist der Abend des 6. Januar. Mancherorts wird dieser Brauch auch schon am 5. Januar vollzogen. Der genaue Ursprung des Brauchs lässt

91

sich laut dem Bayreuther Tourismusmarketing nicht mehr genau rekonstruieren. Vermutlich ist er vor rund 200 Jahren entstanden. Einer verbreiteten Theorie zufolge hänge er mit dem vorchristlichen Brauch der Rauhnächte zusammen, in denen Geister und Dämonen ihr Unwesen getrieben haben sollen. **Lärm und Ausräucherung** sollten dem Schutz vor diesen Gestalten und vor den Gefahren des kommenden Jahres dienen.

Je nach Region variiert die Anzahl der Rauhnächte zwischen drei und 13. Meist versteht man darunter die zwölf Weihnachtstage von Weihnachten (25. Dezember) bis zum Dreikönigsfest (6. Januar). Bei den **Germanen und Kelten** galten diese Nächte als heilige Zeit, die für die Familie, zum Feiern und zum **Orakeln** genutzt wurde. Etwa im 18. oder im frühen 19. Jahrhundert sei diese Tradition entstanden, Früher feierte man an diesem Tag **den** Jahreswechsel und nicht wie heute am 31. Dezember. Deshalb ist der 6. Januar auch als Hochneujahr, Großneujahr oder "Öberschder" (auf Hochdeutsch "Oberster") bekannt, besonders im süddeutschen Raum. Es finden sich keine christlichen Wurzeln, auf die der Brauch zurückgeführt werden kann.

Gefeiert wird vorwiegend in geselliger Runde in einer Gaststätte. In Oberfranken dürfte dieser Brauch schon wegen der **hohen** Brauereidichte weit verbreitet sein: Rund 200 Brauereien gibt es in der Region, davon etwa 70 im Kreis **Bamberg**. Die meisten brauen anlässlich des "Stärkantrinkens" ein spezielles Starkbier, welches dafür besonders gut geeignet sein soll.

Oktoberfest

Dieses traditionell Münchener Bierfest findet jährlich Ende September auf der Theresienwiese statt. Es ist auch außerhalb Deutschlands bekannt. Auf der Wiesn, wie das Oktoberfest auch genannt wird, gibt es Bierzelte und Fahrgeschäfte und viele Besucher kommen in Tracht. Zum offiziellen Auftakt gehört der Einzug der Festwirte mit blumengeschmückten Kutschen. Den Bieranstich übernimmt der regierende Oberbürgermeister.

Stammtisch

Ein Stammtisch ist sowohl eine Gruppe von mehreren Personen, die sich regelmäßig in einem Lokal trifft, als auch der meist größere, runde Tisch, um den sich diese Gruppe versammelt. Ein Stammtisch ist in vielen Lokalen ein alteingessenes Möbelstück , oft mit einem Wimpel oder einem schmiedeeisernem Gestell mit Aschenbecher dekoriert.

Oder anders gesagt:

"Das ist in einem bestimmten Lokal
ein bestimmter Tisch
in einem bestimmten Winkel,
in dem zur bestimmten Stunde
bestimmte Gäste sich auf ihren
bestimmten Platz niederlassen,
um bei Vertilgung einer
bestimmten Menge eines
bestimmten Getränks
aus bestimmten Gläsern über
bestimmte Themen zu sprechen
und dann zur bestimmten Stunde
aufzubrechen, weil man
zur bestimmten Zeit zuhause
bestimmt erwartet wird."

Sinnsprüche

Die Redensart *„Das ist dein Bier!"* bedeutet das ist deine Angelegenheit.

„Etwas wie Sauerbier anbieten" In früheren Zeiten kam es bei der Bierherstellung häufiger zu Mißerfolgen, so daß mal schon saures Bier entstand. Um den Schaden zu begrenzen, wurde das minderwertige saure Bier mit marktschreierischen Methoden (meist erfolglos) angepriesen.

„Das schlägt dem Faß den Boden aus". Wird ein stehendes Faß verschlossen, bevor dessen Inhalt ausgegoren ist, treibt es normalerweise den Spund oben heraus und er Inhalt bleibt erhalten, ist gerettet. Bei einem festen Verschluss kann schon mal der Boden herausgedrückt werden. Ein weiterer Spruch zielt ebenso darauf ab, wie *„Der Pferd wird hinkend, der Fisch wird stinkend, der Wein stößt dem Faß den Boden aus, so läuft der Kaufmann zum Thor hinaus."*
Andere Quellen weisen auf altes Recht hin, sollte ein Verkäufer verdorbene   Getränke verkaufen, so wurde zur Strafe den betreffenden Fässern der Boden ausgeschlagen.

Allen recht gut in Erinnerung ist die nächste „Weisheit". *„Bier auf Wein , das lass sein! Wein auf Bier, das rat´ ich dir."* Es ist sch... egal, in welcher Reihenfolge man trinkt. Das Unwohlsein entsteht durch die konsumierte Menge.

Ich hebe das Glas und führ´s an den Mund. Das Bier läuft zischend in meinen Schlund. Es ist ein Saus, es ist ein Braus. Doch dann oh Graus will das Bier wieder raus. Aus.

Der Alkoholgehalt und die Reinheit der Getränke sind hier lediglich maßgebend.. Die Engländer haben sogar einen Spruch im entgegengesetzten Sinn: *„Beer after wine and you'll feel fine."*

Eigentlich wurde die soziale Stellung damit bezeichnet, die man an der Art des Getränks erkennen konnte. So galt es als Abstieg, wenn man von Wein auf Bier und auf Wasser überging.

Da braut sich was zusammen

„Da braut sich was zusammen": Die heute noch immer sehr gebräuchliche Redewendung bedeutet konkret, dass ein Gewitter oder Unwetter naht. Im übertragenen Sinne wird sie auch verwendet, wenn Streit oder Ärger, also Unangenehmes droht. Die Redewendung ist sehr alt und wird auf die Germanen zurückgeführt. Diese glaubten, ein Unwetter entstehe, weil sich der germanische Göttervater Wotan mit Frigga, der germanischen Göttermutter und Schutzherrin der Ehe, der Mutterschaft und Hüterin des Herdfeuers, um den Besitz des Braukessels stritten.

Umgangssprachlich gab und gibt es heute in Deutschland für das Wort Bier die verschiedensten Begriffe, wie :

- Gerstensaft
- kühles Blondes
- Bierchen
- flüssiges Brot
- Hopfenkaltschale
- Bräu(süddeutsch)
- Zerevis (alte Studentensprache)
- Molle
- Maurerbrause
- Maikäferbenzin

- Brauereitee und
- Assi-Schampus.

Aber mal anders gefragt. Warum heißt Bier eigentlich Bier?

Über den Ursprung des Wortes Bier gibt es keine gesicherten Erkenntnisse. Vermutlich stammt es von biber (lat. „Getränk") ab. Ein nicht mehr gebräuchliches Wort für Bier ist das germanische Äl (vgl.   englisch Ale,   dänisch øl, schwedisch öl oder finnisch olut), wobei es sich um das noch ungehopfte Gebräu handelte.
Die Erklärungssätze derer sind viele , konnten sich aber nicht in den Sprachwissenschaften durchsetzen. Die Wortformen der historischen Sprachformen scheinen da eher gesichert. Gemeint sind Deutsch und seine verwandten germanischen Sprachen.
Sprachwissenschaftlich gesehen aus dem germanischen für Gerste oder Getreide gab es „bewwa", indogermanisch für Brauen „Bhren" mit Konsonantenwechsel „bherw", spätlateinisch -Trank aus der Fastenzeit in den Klöstern „bibera" und lateinisch trinken „bibere"- mittelniederdeutsch „ber", altfrisisch „ ber" und altnordisch „björr".
Böttcher und Fischer - die bekannten Radiomoderatoren von Radio PSR und Antenne Sachsen - haben eine recht interessante Erklärung für die Herkunft des Wortes Bier. Sie sagen, das "BIER" sei eine Abkürzung, und zwar aus "Bekömmlichkeit", "Irdisch", "Edel" und "Rein". Ist doch mal eine Aussage!

So nun ist ist jeder durcheinander vom dem Durcheinander.

Ein Mensch der etwas leisten soll, der braucht auch etwas Alkohol.
Denn Wasser ist für die bestimmt, die nicht mehr zu gebrauchen
sind.

Andere Länder andere Sitten und Regeln

Ist man zu Gast in einem fremden Land, sollte man immer
Rücksicht auf die Kultur nehmen und sich mit Sitten und
Gebräuchen vertraut machen, denn nicht alles, was gesetzlich
erlaubt ist, ist auch gesellschaftlich akzeptiert.
In praktisch allen Ländern dieser Welt ist der Konsum von
Alkohol geregelt. So sind vielerorts Bestimmungen in Kraft,
die das Mindestalter von Alkohol gesetzlich festlegen. So ist
beispielsweise in der Schweiz der Verkauf sowie die Abgabe
von alkoholischen Getränken an unter 16-Jährige verboten.
Während in anderen Ländern, wie zum Beispiel in England
oder Irland, gesetzliche Mindestpreise für alkoholische
Getränke gelten, ist der Konsum von Alkohol in einigen
Ländern sogar ganz verboten. Eine Missachtung eines solchen
Verbots kann unter Umständen zu harten Bestrafungen, die
bis zu Gefängnis reichen, führen.

USA - Bier in der Tüte

Sowohl der Verzehr als auch die Werbung/Darstellung von
alkoholischen Produkten in der Öffentlichkeit ist in den USA
verboten. Alkohol muss also immer verdeckt werden - man
darf auch nicht die Weinflasche ohne weitere Verpackung aus
dem Laden zum Auto tragen oder den Sechserträger Bier vom
Supermarkt nach Hause tragen. Das Verbot geht so weit, dass
man auch leere Getränkedosen und -flaschen, die Alkoholika
enthalten haben und noch einen winzigen Rest Alkohol

enthalten, abdecken muss, beispielsweise, wenn man zur Recyclingtonne geht.

Die Prohibition ist seit über 70 Jahren Geschichte- doch die US -Bürger tun bis heute so, als könnten sie nur heimlich trinken. Auf der Straße oder im Park einen Schluck auf der Straße oder im Park einen Schluck aus der Bierflasche? Skandalös! Wer nicht in die nächste Kneipe pilgern will, muss seinen Drink geschickt tarnen.

Wer in den USA mit einer offenen Flasche Alkohol auf der Straße herumläuft, erntet Blicke, als würde er dazu einen offenen Bademantel tragen - mit nichts drunter. Oder als sammele er auch sonst hauptberuflich Flaschen ein. Es gehört sich einfach nicht, in vielen Bundesstaaten ist es gar illegal. Man könnte dafür in Handschellen enden oder von einem grimmigen Polizeibeamten dem Richter vorgeführt werden.

Der gekaufte Alkohol wird an der Kasse in braune Papiertüten gepackt. Er darf fast überall in den USA nicht offen auf der Straße getragen und natürlich auch nicht getrunken werden. Aber wenn man die braune/n Tüte/n herumträgt, weiß doch jeder was er da drin versteckt. Also was sollen das? Der Verhüllungskünstler Christo kann das spektakulärer!

Spanien

Ob auf dem Festland oder auf den beliebten Balearischen Inseln, wenn man in Spanien richtig anstoßen will, erhebt man das Getränk nicht einfach nur zur Mitte, sondern vollzieht häufig ein sehr besonderes Ritual: Zuerst wird das Glas nach oben, als Nächstes nach unten und zuletzt erst zur Mitte geführt. In warmen Sommernächten trinken Spanier übrigens nicht nur gerne ein kühles Glas Sangría sondern auch den Palo, einen karamellartigen Kräuterlikör. Dieser wird u.a. aus eingelegter südamerikanischer Chinarinde und importierten getrockneten Wurzeln des Enzians hergestellt.
Die Spanier lieben Trinksprüche. Ob ein kurzes „Auf euch!" oder eine längere Ansprache - unvorbereitet sollte man hier nicht anstoßen. Ruft jemand *„Arriba, abajo, al centro y pa' dentro"*, führen die Anwesenden ihr Glas nach oben, nach unten und dann zur Mitte, bevor man trinkt. oder ein simples *„Salud"*. Das vorherige Abendessen können Sie sich sparen, denn eine spanische Bar ohne Tapas ist unvorstellbar. Bei Geburtstagsfeiern in einer Bar zahlt übrigens der Jubilar! Mit nur einem Trinkspruch am Abend dürfte man da kaum auskommen, Spanier feiern bekanntlich etwas länger.

Frankreich

Unsere Nachbarn in Frankreich haben den Ruf, Genussmenschen und ausgezeichnete Gastgeber zu sein. Das gemeinsame Essen mit Familie und Freunden wird zelebriert, die Gläser dabei gewöhnlich aber nur bis zur Hälfte gefüllt. Dies ist jedoch nicht unhöflich gemeint, sondern soll den Gast zum langsamen Genießen ermuntern. Als beliebter Aperitif wird gerne ein Pastis gereicht. Zumeist aus grünem Anis, Sternanis oder Fenchel hergestellt und mit Süßholz-Extrakt verfeinert, wird er mit Wasser und Eiswürfeln verdünnt, um die im Alkohol enthaltenen ätherischen Öle zu lösen. Diese Emulsion ruft auch die berühmte milchig-weiße Trübung hervor (Louche-Effekt), für die gilt: Je trüber das Getränk, desto mehr Pastis ist enthalten.

Französische Biere wie das 1664 Bier, ein Klassiker, lassen sich zwar im Nachbarland finden, doch steht der Wein ganz klar an oberster Stelle. Geografisch, wird typischerweise das Bier in französischer Art nur im Norden und Nord-Osten gebraut. Der Süden bevorzugt hier immer noch den Wein und Sekt. Vor allem der Elsass und die Gegend um Straßburg sind bekannt für ihr Bier. Traditionell sind die Bierbraugebiete in Frankreich die Grenzgebiete zu typischen Bierländern wie Deutschland, Belgien oder England.

Italien
Während in Italien das Glas zu einem „Salute" oder „Cin Cin" erhoben wird, ist es im südamerikanischen Bolivien zum Beispiel Tradition, zu Ehren von Mutter Erde ein paar Tropfen des Getränks auf den Boden zu verschütten.
Zu Hause vorm Fernseher alleine mit einem Bier? Für den Italiener undenkbar. Meist teilen sich mehrere eine Flasche Bier in kleinen Gläschen auf. Aus Aberglauben wird hier das Glas nach dem Zuprosten kurz auf dem Tisch abgesetzt, bevor man trinkt. Sonst bringt es Unglück. Und wer mit

Plastikbechern anstoßen will, sollte darauf achten, dass diese sich auf keinen Fall berühren - ersatzweise gilt der Handrücken.

Ungarn

In Ungarn mit Bier anzustoßen, ist aus historischen Gründen verpönt und war sogar rund 150 Jahre lang verboten. Wer dennoch ein Glas bestellt, wünscht seinem Gegenüber mit „Egészségedre" Gesundheit und sollte der ungarischen Aussprache mächtig sein. Ansonsten kann aus dem Trinkspruch schnell ein „egész seggedre" werden und bedeutet so viel wie „Auf deinen Allerwertesten".
Wenn Sie Urlaub in Ungarn machen, sollten Sie es tunlichst vermeiden, mit Bier anzustoßen – denn man könnte Sie ziemlich schief angucken. Vor allem, wenn Sie aus Österreich kommen.
Der Hintergrund: Nach der Niederschlagung der Ungarischen Revolution im Jahr 1848 stießen die Österreicher ausgiebig mit Bier auf ihren Erfolg an. Außerdem ließ der österreichische Kaiser Kaiser Franz Joseph I. ein Jahr später mehrere ungarische Generäle hinrichten. Nach den Exekutionen stießen die Henker ebenfalls mit Bier an. Danach war das Anstoßen mit Bier in Ungarn sogar 150 Jahre lang gesetzlich verboten.Heute gilt das Verbot zwar nicht mehr, allerdings sollte man trotzdem niemanden unnötig provozieren.

VAE

In den Arabischen Emiraten und anderen muslimischen Ländern gelten sehr strenge Gesetze, wenn es um das Thema Alkohol geht. Der Großteil der streng gläubigen Muslime verzichtet aus religiösen Gründen auf den Alkoholkonsum und dementsprechend ist auch das Angebot an alkoholischen Getränken in Supermärkten und Restaurants für Touristen sehr eingeschränkt und öffentlicher Alkoholkonsum grundsätzlich untersagt. Wird ein Tourist dennoch angetrunken in der Öffentlichkeit erwischt, muss er/sie mit hohen Geldstrafen bis zu 400 Euro oder einer Gefängnisstrafe bis zu 6 Monaten rechnen. In Saudi-Arabien können im schlimmsten Falle sogar Peitschenhiebe drohen. Eine offizielle Promillegrenze gibt es in diesen Ländern häufig nicht, denn Fahren unter Alkoholeinfluss ist immer strafbar.

China

In China braucht es Trinkfestigkeit. Wenn sich die Chinesen auf *„gan bei"* zuprosten, werden die Gläser – so wörtlich übersetzt – auf ex geleert. Wundere dich nicht, wenn nachgeschänkt wird, obwohl du nur einen Schluck getrunken hast. Denn das Glas muss immer voll sein. Du hast schon genug? Ein diskreter Hinweis an die Bedienung, dass du lieber Tee nachgefüllt haben möchten, hilft dir aus dem Trinkgelage heraus. Anders als in Frankreich werden Trinkgläser in China immer bis zum obersten Rand gefüllt und ein leeres Glas wird hier als Unhöflichkeit gegenüber dem Gastgeber gewertet (deshalb lassen Chinesen häufig einen kleinen Rest auf dem Teller oder im Glas zurück, wenn sie den Tisch verlassen). Darüber hinaus gehört es in China und Japan zur guten Sitte, das Trinkglas aus Respekt vor älteren Menschen beim Anstoßen immer tiefer und mit beiden Händen festzuhalten.

Asiat*innen vertragen keinen Alkohol

An dem vermeintlichen Klischee, Asiat*innen würden keinen Alkohol vertragen, ist tatsächlich etwas dran. Das liegt an einem Enzym, dem ALDH, beziehungsweise an der mangelnden Produktion dessen. Laut einer wissenschaftlichen

Untersuchung können 36 Prozent der Südost-Asiat*innen Alkohol nicht richtig verstoffwechseln. Wenn Alkohol nämlich verstoffwechselt wird, dann entsteht Acetaldehyd. Dieses wird in unseren alkoholaffinen Nationen mit Hilfe des Enzyms ALDH abgebaut und dieses Enzym fehlt vielen asiatisch Stämmigen. Deshalb wird es bei ihnen nur sehr langsam abgebaut. Wenn Asiat*innen nun Alkohol trinken, werden sie also sehr schnell betrunken und bleiben dann auch sehr lange betrunken.

Der Grund dafür könnte auf die Ernährung ihrer Vorfahren zurückgehen, laut der Studie eines Forscherteams aus Peking von 2010 zumindest. Asiat*innen fingen früh an, Reis zu kultivieren und um diesen länger haltbar zu machen, ließen sie ihn mittels Hefe gären: Alkohol, entstand. Infolgedessen sei die Unverträglichkeit laut den Forschenden als Schutzmechanismus entstanden: Wer auf Reis verzichtete, habe gesündere Organe besessen, länger gelebt und sich besser fortgepflanzt. So erklären die Forschenden die Verbreitung der Unverträglichkeit über den asiatischen Kontinent.

Bier ist ein Weltgetränk und wird überall zelebriert. Die Menschen lieben das Kultgetränk und feiern und stoßen alle mit einem großen Zum Wohlsein! oder Prost! an. Ich gebe für euch mal die wichtigsten Trinksprüche aus verschiedenen Ländern im folgenden zur Kenntnis.

Wenn ihr also mit einem Landsmann oder einer Landsfrau aus einem dieser Länder zusammen trinkt, dann stoßt doch mal mit ihnen auf ihrer Sprache an. Das wird bestimmt ein tolles miteinander, denn Bier verbindet. Auch wenn man kein großartiges Sprachgenie ist, kann man Wörter wie "Prost" recht einfach und schnell lernen und im jeweiligen Land verwenden.

Natürlich in Deutschland Prost,
Arabien / arabisch: Shereve!
Brasilien / portugiesisch: Tim-tim!
Iran / iranisch: Vashi!
Bulgarien / bulgarisch: Na zdrave!
China / mandarin: Gan bei!
Dänemark / dänisch: Skal!
England / englisch: Cheers!
Finnland / finnisch: Kippis!
Frankreich / französisch: Santé!
Griechenland / griechisch: Jámas!
Hawaii / hawaiianisch: Mahalu
Indien / hindi: Mubarik!
Italien / italienisch: Salute!
Japan / japanisch: Kanpai!
Niederlande / holländisch: Proost, op uw gezondheid!
Norwegen / norwegisch: Skal!
Polen / polnisch: Na zdrowie!
Portugal / portugiesisch: Saúde!
Rumänien / rumänisch: Noroc!
Russland / russisch: Vashe zdorovie!
Schweden / schwedisch: Skal!
Serbien, Kroatien / serbokroatisch: ʹivjeli!
Spanien / spanisch: Salud!
Thailand / thailändisch: Chokdee!
Tschechien / tschechisch: Na zdravi!
Türkei / türkisch: Serefe!
Ungarn / ungarisch: Egészségére!

11.   Luther und das Bier

„Wider den Saufteufel"

Luther liebte das Bier, verteufelte es aber in seinen Predigten. Ich glaube, daher stammt auch der Ausspruch „ Wasser predigen, aber Wein saufen".
So sagte Luther unter anderem: „Ich sitze hier und trinke mein gutes Wittenbergisch Bier und das Reich Gottes kommt von alleine."
Luther hatte gern und auch viel Bier getrunken. Das Einbecker war eines seiner Lieblingsbiere. Zu seiner Hochzeit 1525 gab es Einbecker Bier, gesponsert vom Rat der Stadt Wittenberg. Außerdem wurde Torgauer Bier ausgeschenkt.

Er erhielt zu seiner Hochzeit zunächst das Nutzungsrecht für das frühere Augustinerkloster in Wittenberg. 1532 wurde es ihm geschenkt. Damit war er Hausbesitzer und hatte Braurecht, da es damals an das Bürgerrecht gebunden war. Man braute für den Eigenbedarf, durfte aber auch dieses Bier verkaufen. Wie zu dieser Zeit üblich, braute die Hausherrin. Sie leitete Hausbedienstete an. Mit der Zeit baute sie eine eigene Brauerei auf. Anfangs lieh sie sich alles nötige Gerät von der Stadt aus.
Der Spruch „ Iss, was gar ist, trink, was klar ist, red´ was wahr ist." stammt auch von ihm.
Luther wurde durch seine widersprüchliche Art gegenüber Bier trotzdem zu einem Bierbotschafter. Sein Konterfei prangt Land auf, Land ab auf zahlreichen Bieretiketten.

Reformation ist ausschließlich ein evangelischer Feiertag, der am 31. Oktober gefeiert wird. 1517 - ein Jahr nach dem legendären Reinheitsgebot - soll Luther eben an diesem Tage seine 95 Thesen an die Tür der Wittenberger Schloßkirche geschlagen haben. Auch eine Art Reinheitsgebot der Kirche.

Luther und Bier war durchaus ein inniges Verhältnis. Als Augustinermönch spielte Bier eine nahezu existenzielle Rolle.

Bier war Nahrungsmittel der Mönche und hob die Stimmungslage enorm.

Seiner Vorliebe zum Bier sind viele noch heute bekannte Zitate und Lebensweisheiten zum Thema Essen und Trinken entstanden. Auch seine spätere Frau war bieraffin. Sie lernte es als Nonne zu Brauen und braute auch für ihren Mann.

Luther war aber auch ein geselliger und erdnaher Mensch, wie es seine vielen Sprüche zum Bier beweisen:

„Wer kein Bier hat, hat nichts zu trinken „ und „Mir hilft ein tüchtige Trunk".„Besser in der Bierstube sitzen und an die Kirche denken, als in der Kirche sitzen und an die Bierstube denken." „Gott selbst hat dem Menschen im Getreide die beiden Grundformen der Nahrung gegeben, Brot und Bier."

Mit dem Spruch „ Was reinläuft , muss auch wieder rauslaufen" fluchte Luther über die „schändliche Jauche", die wir "an die Wand pissen."

Goethe und das Bier

Der Ausspruch „Bier ist geil" soll ja von Goethe stammen. Ob es stimmt ? Nun ja ,auf jeden Fall   „ein starkes Bier, ein beizender Tobak und eine Magd in Putz, das ist mein Geschmack." stammt von Ihm.

Goethe liebte seinen Frankenwein, trank aber auch ein Glas Bier zur rechten Zeit. In munterer Studentenlaune reimte er in Leipzig: „ Bestaubt sind unsere Bücher, der Bierkrug macht uns klüger, das Bier schafft Genuss, die Bücher nur Verdruss."

Andere Persönlichkeiten und das Bier

Plutarch, (46-125 n. Chr.)
Bier ist unter den Getränken das nützlichste, unter den Arzneien die schmackhafteste und unter den Nahrungsmitteln das angenehmste.

Paracelssus, (1493- 5141)
Bier ist eine wahrhaft göttliche Medizin.

Hildegard von Bingen
im 12. Jahrhundert in ihrem medizinischen Werk "causae et curae":
"Cervisiam bibat" ("Man trinke Bier")

109

WIlliam Shakespere

»Denn eine Kanne Bier - das ist ein Königstrank.«

Die Geschichte von Gustav II. Adolf in Krostitz

Wer sich schon immer einmal gefragt hat, warum ausgerechnet der Schwedenkönig Gustav II. Adolf auf dem Etikett aller Biere aus Krostitz erscheint, wird jetzt aufgeklärt

So viel sei schon einmal verraten:

In Krostitz gab es eine besondere Begegnung, die bis heute legendär ist ...

...hab ich einen Durst – dachte sich vermutlich der Schwedenkönig Gustav Adolf, als er inmitten des 30-jährigen Krieges mit seinem Gefolge über die flachen Ebenen Richtung Leipzig zog. Welch' Segen, als plötzlich das Rittergut Crostewitz auftauchte. Dort gab man ihm vor der Schlacht gut zu trinken – und er gab als Dank seinen rubinroten Ring für diesen edlen Trank. In unserem Kurzfilm bekommt ihr ein paar interessante Einblicke in das Leben des Schwedenkönigs.

Das Markenzeichen der Biere aus Krostitz – der Schwedenkopf – geht auf eine Begebenheit während des verheerenden Dreißigjährigen Krieges aus dem Jahre 1631 zurück. Erzählt wird, dass der schwedische König Gustav II. Adolf mit seinen Truppen am 6. September von Düben aus in Richtung Leipzig unterwegs war. Der Feldherr wurde von großem Durst geplagt, doch erst im Ort Crostitz konnte der König vom dortigen Braumeister ein Bier erhalten, das wegen des bevorstehenden Erntefestes besonders würzig eingebraut worden war. Gustav II. Adolf leerte die dargebotene Kanne in einem Zug. Er lobte den Trank und schenkte dem Brauherrn zum Dank einen mit einem Rubin besetzten Goldring. Gustav II. Adolf zog weiter und schlug am nächsten Tag siegreich die kaiserlichen Truppen des Reichsgrafen Tilly in der Schlacht bei Breitenfeld. Das königliche Konterfei wurde seitdem zum Markenzeichen Krostitzer Braukunst.

Als der **Reichskanzler Otto von Bismarck** das Bier verleumdete:
Im Rahmen der Diskussion im Reichstag zur Erhöhung der Biersteuer / Brausteuer ging es hoch her. Regelrecht albern wurde es, als Bismarck am 28. März 1881 in einer Rede gleichzeitig die Erhöhung der Brausteuer begründen und sein Mitgefühl für den „armen Mann" paradieren wollte.
Es gehört zum deutschen Bedürfnis, beim Biere von der Regierung schlecht zu reden." (Bismarck)

Bismarck: König Gambrinus „die weite Verbreitung des Bieres ist zu beklagen, es macht dumm und faul! Ein guter Kornbranntwein wäre vorzuziehen."

Benjamin Franklin

"Bier ist der Beweis, dass Gott uns liebt und will, dass wir glücklich sind."

Königin Victoria, **Königin** des Vereinigten Königreichs Großbritannien und Irland.

Gebt meinen Leuten reichlich Bier, gutes Bier, und billiges Bier, und es wird unter ihnen keine Revolution geben."

Wilhelm Busch

Die erste Pflicht der Musensöhne ist, dass man sich ans Bier gewöhne.
"Das Wasser gibt dem Hornvieh Kraft, den Menschen stärkt der Gerstensaft.

Thomas Mann

Thomas Mann reflektiert genussvoll: »Ich trinke täglich zum Abendbrot ein Glas helles Bier und reagiere auf diese anderthalb Quart so stark, dass sie regelmäßig meine Verfassung dadurch verändern. Sie verschaffen mir Abruhe, Abspannung und Lehnstuhlbehagen.«
Der physische, durch den Alkoholgenuss hervorgerufene Rausch übte auf Thomas Mann eine unbestreitbare Faszination aus, setzte er sich doch literarisch, wie beispielsweise in ›Der Tod in Venedig‹, wiederholt damit auseinander. In Zusammenhang mit der schriftstellerischen Arbeit selbst sah er den Konsum von Alkohol hingegen entschieden kritisch.

Franz Kafka

Biertrinken mit Kafka

War Franz Kafka zeitlebens ein trauriger Asket, ja gar ein Hungerkünstler? Seine Briefe belegen, dass er sehr wohl munter den kulinarischen Freuden zusprach - darunter dem Biertrinken. Seiner Schwester Ottla schrieb er im Mai 1920 aus Meran: „Heute im Biergarten (ja, ich habe ein kleines Bier zwischen den Fingern gedreht)". Noch in seinen letzten Lebenswochen, im Mai 1924, trank Kafka Bier, obgleich das Schlucken ungemein schmerzte. Seine Kehlkopftuberkulose zwang ihn, mithilfe von „Gesprächsblättern" zu kommunizieren. Auf einem Zettel notierte er die Frage „Warum waren wir in keinem Biergarten?" und erwähnte dabei Meran.Obwohl man ihn und vor allem sein Werk kaum mit kulinarischen Genüssen in Verbindung bringt, ist Franz Kafka sicherlich einer der berühmtesten Literaten des 20. Jahrhunderts. Nicht zuletzt, da man allmählich beginnt, den Gastrosophen in Franz Kafka zu sehen. Santé!

Schwejk, das Bier, die Liebe und die Anarchie
Hašek, geboren 1883, war ebenso wenig harmlos wie „sein" Schwejk: In seiner Jugend agitierte er Arbeiter für den Anarchismus, versoff aber gut gelaunt die von den Arbeitern eingetriebenen Beiträge für eine anarchistische Zeitschrift (nebst Redaktionsfahrrad). . In den feucht-fröhlichen Versammlungen amüsierte sich unter anderem Franz Kafka.Seinen Lebensunterhalt finanzierte er mit dem Honorar humoristischer Kurzgeschichten – insgesamt etwa 1500. Er schrieb in Kneipen, trank, brachte die Geschichten in die Redaktionen, bekam sein Geld und trank weiter. Während des Krieges desertierte er, avancierte dann – auf russisch-revolutionärer Seite – zum Politkommissar und gab diverse revolutionäre Zeitschriften in verschiedenen Sprachen heraus. Von der Revolution enttäuscht kehrte er nach Prag zurück,

schrieb den Schwejk und soff sich bis 1923 zu Tode. Hašek über Hašek: „In der Geschichte der ganzen Menschheit gibt es nur ein allseitig vollkommenes Wesen, und das bin ich."

Der Film "Die Feuerzangenbowle"
mit Heinz Rühmann ist mein Favorit, den ich gern genauso oft anschaue, wie andere "Dirthy Dancing". Er erinnert mich sehr an meine Zeit an der Penne.

"Da stelle ma uns mal janz dumm ..." gibt der Professor Bömmel im berühmten Film "Die Feuerzangenbowle " zu bedenken und fachsimpelt weiter "... **Bier** sackt in die Beine, Wein legt sich auf die Zunge, Schnaps kriecht ins Gehirn"

Udo Lindenberg

Ende Juli 2014 in einem Interview mit dem Nachrichtenmagazin der Spiegel:

„Ich habe mit dreizehn schon angefangen, Alkohol zu trinken und zu rauchen. Regelmäßig nach der Schule ging ich in die Kneipe und trank drei Bier, war dann schön schwindelig und ging dann nach Hause zu meiner Mutter. Sie war immer wahnsinnig verständnisvoll. Ich erzählte ihr dann, dass ein Bierchen auch Vitamine hätte und Mineralstoffe."

Altbundeskanzler Gerhard Schröder

Bei einem Sommerfest 2000 hat er beim Signieren von Wahlplakaten seiner trockenen Kehle Ausdruck verschafft und gesagt: "Hömma, hol mir mal 'ne Flasche Hier hat er einen auf Volksgefälligkeit gemacht und den Lacher auf seiner Seite gehabt. Sein Ausspruch in einer Gartenkolonie wurde zur Vorlage für ein Musikstück von Stephan Raab, das sogar eine Goldene Schallplatte erreichte.

Wladimir Putin im Mai 2005

„Ich habe vielleicht in der Universität nicht das allermeiste gelernt, weil ich in der Freizeit viel Bier getrunken habe. Aber einiges habe ich doch behalten, weil wir sehr gute Dozenten hatten." Heute führt er Krieg, vielleicht weil er damals sein Hirn versoffen hat.

12. Studentenleben und das Bier

Das Bierkomment

Der Allgemeine deutsche Biercomment
Das studentische Leben in der früheren wie auch in der heutigen Zeit ist geprägt vom Bierkonsum. Damals war es straff geregelt, heutzutage wird alles locker gesehen. Dennoch ist interessant, wie war das damals geregelt. Irgendwie erinnert mich das stark an den Film „Die Feuerzangenbowle" mit Heiz Rühmann.
Der Kommers ist eine hochoffizielle Feier, die bei Studentenverbindungen abgehalten wird.
Bier-Comments entstanden im 19. Jahrhundert und spiegelten auf ironische Weise den Verhaltenscodex beim Biertrinken wider. Der Anlass ihrer Verfassung war, neben der ironischen Reflexion des gelernten Stoffs von Studenten, auch die Parodie von Verhaltensvorschriften.
Also. Im Jahre 1899 erschien der *allgemeine deutsche Biercomment*, der erstmals versuchte, die damals in jeder Universitätsstadt unterschiedlichen Biercomments zusammenzufassen und in einem einheitlichen Comment darzustellen. Die in den Verbindungen gepflegten Bier-Comments können davon jedoch erheblich abweichen.

Das studentische Biertestat

z.B. der „Gasthof zum Mohren" in Halle (Saale), Burgstr. 72, wurde erstmals 1536 erwähnt und gilt als das älteste Wirtshaus der Stadt und dort sowie in weiteren Gasthäusern der Stadt wird noch heute fleißig das Biertestat ausgeübt. Zu DDR-Zeiten galt dieser Ort als Treffpunkt für systemkritische junge Leute . Aber auch für Linientreue war es eine gute Möglichkeit zu moderaten Preisen Alkohol zu konsumieren

117

und das Biertestat abzulegen. Eine Tradition die noch heute von Studenten der Chemie, Pharmazie, Physik und besonders der Juristerei gepflegt wird.

Ich kann mich noch gut an meine Studienzeit in Halle erinnern, wo das Maß eines trinkfesten Studienkameraden so genannt wurde. Ein Hau gleich 10 Bier (0,3 Liter) und er trank gern mal mehr als 1 Hau am Abend. Oder wenn wir in geselliger Runde zusammensaßen und anfingen Trinklieder zu singen, gab es ein Lied nach der Melodie des Steigerliedes mit dem Text: „Die Chemiker sein's , sein's kreuzbrave Leut, denn sie machen aus der Kohle Schnaps und andere Alkohole und saufens auch und saufens auch."
Dann noch das Lied von den alten Germanen :
„Es saßen die alten Germanen zu beiden Ufern des Rheins; sie lagen auf Bärenhäuten und soffen immer noch eins.

Refrain: Und eins und zwei und drei und vier: Sie soffen unheimlich viel Lagenbier. Und fünf und sechs und sieben und acht: Sie soffen die ganze Nacht."

Eine andere Begebenheit aus dieser Zeit bezieht sich auch auf das gemeinsame Biertrinken mit dem Assistenten in der Gaststätte am Hallmarkt, das Biertestat. Ein Testat ist letzendlich eine Bestätigung einer mündlichen oder schriftlichen Prüfung in naturwissenschaftlichen Studienfächern in Verbindung mit Praktika. Wir haben es etwas abgeändert und es als eine Bierprüfung in der Gruppe mit unserem Assistenten gesehen und durchgeführt. Also auch eine Art von Praktika. So trug es sich zu, dass wir einem sehr geizigen Mitkommilitonen einen Denkzettel verpassen wollten. Die Bedingung war, dass der Erste der auf's Klo musste, die Zeche der 1. Runde zu zahlen hatte. Da er so geizig war, dass er die Zahlung auf jeden Fall für sich verhindern wollte, war dann nach einigen Bierrunden die Blase so gefüllt, dass er es nicht mehr halten konnte und unter sich machte. Die Blamage war für ihn viel größer als wenn er die 1. Runde geschmissen hätte.

An manchen Tagen hatten wir „Cenosillicaphobie" . Diese Krankheit ist die Angst vor leeren Gläsern.

Gern wurde in geselliger Runde der Knobelbecher gequält oder Karte gespielt. Beispielsweise Mäxchen , Macke und Doppelkopf. Da hatten wir meistens mehr Ausdauer als beim Büffeln des Lehrstoffs.

Trinkspiele mit dem Knobelbecher

Mäxchen oder Schwindelmäxchen genannt
Die Regeln des Würfelspiels Mäxchen sind zwar sehr simpel, unterscheiden sich allerdings nach der gespielten Variante. Ich möchte hier eine einfache Erklärung der Spielregeln geben.
Für Mäxchen benötigen Sie zwei Würfel, einen Würfelbecher, einen Untersetzer und mindestens einen Mitspieler.

1. Ein Spieler fängt an zu würfeln, kippt den Becher an und schaut sich die Augenzahl seines Wurfes an.

2. Er nennt nun den anderen Spielern die Zahl, darf dabei allerdings nach Belieben lügen, sofern er dies möchte.

3. Der nächste Spieler ist an der Reihe und kann entscheiden, ob er dem vorangegangenen Spieler seinen genannten Wert glaubt oder nicht, falls nein wird aufgedeckt. Entspricht der genannte Wert der Wahrheit, hat der Spieler, der aufgedeckt hat, verloren. Hat dieser die andere Person aber beim Lügen ertappt, verliert diese.

4. Glaubt der zweite Spieler dem ersten Spieler seinen Wert, würfelt ebenfalls, schaut die Würfel verdeckt an und nennt seinen Wert. Dieser muss allerdings höher als der des ersten Spielers sein, was unter Umständen nur mit einer Lüge erreichbar ist. Nun wiederholt sich der Vorgang so lange, bis einer der Mitspieler sich entscheidet, aufzudecken oder eine Steigerung nicht mehr möglich ist.

Würfelspiel mit 6 Würfel
Zehntausend oder Macke

Zehntausend / Macke wird mit mindestens zwei Spielern gespielt. Die Spieler wechseln einander mit dem Würfeln ab. Gezählt werden Einser und Fünfer, wobei die Eins 100 Punkten und die Fünf 50 Punkten entspricht. Es wird so oft gewürfelt, bis der Spieler seine Runde für beendet erklärt oder er keine Eins oder Fünf mehr geworfen hat. Der Spieler muss bei jedem Wurf mindestens eine Eins oder eine Fünf an die Seite legen. Hat er alle Würfel aus dem Würfelbecher genommen und will weiter würfeln, so kann er wieder alle in den Becher legen (seine Punkte werden hierbei weitergerechnet), was in einigen Spielerkreisen *Anschluss* genannt wird. Dies kann er so oft tun, bis er keine Eins oder Fünf gewürfelt hat (hierbei verliert er alle in dieser Runde erwürfelten Punkte) oder seine Runde für beendet erklärt (in der Runde erwürfelte Punkte werden ihm gutgeschrieben). Punkte werden aufgeschrieben und addiert. Der Gewinner ist derjenige, der zuerst mindestens 10.000 Punkte erreicht hat.

Des Weiteren werden Dreierpasche und Viererpasche als Punkte gezählt, diese müssen aber mittels einer Eins oder einer Fünf bewiesen werden.

Das Kartenspiel Doppelkopf

Doppelkopf ist ein altes deutsches Kartenspiel, das in aller Regel mit genau 4 Spielern gespielt wird. Beim Doppelkopf spielen jeweils zwei Spieler zusammen gegen ie anderen beiden.

Doppelkopf ist wie Schafkopf ein Trumpfspiel, bei dem es um das Gewinnen von Stichen geht. Wir haben es noch schärfer gemacht, indem es bei uns nicht nur Kontra und Re und Solo gab, sondern noch Schneider und Hochzeit ansagen oder stille Hochzeit. Fuchs und Dulle fangen gab es auch noch.

Das Bierkomment

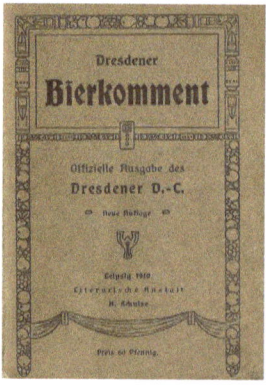

Der allgemeine deutsche Biercomment gliedert sich in die folgenden Bereiche:

Allgemeiner Teil

Im Allgemeinen Teil werden der Begriff des Bier-Comments sowie im Groben die Funktionen der Kneipteilnehmer und deren Rang geklärt. So besteht eine Kneiptafel aus dem Präsidium, dem Kontrapräsidium (oder auch Kontrarium genannt), Burschen und Füchsen. Ein Fuchs (teilweise auch Fux) ist ein neues Mitglied einer

Studentenvereinigung, das für ein oder mehrere Semester eine Probezeit absolviert, bevor es als Bursche oder Dame vollberechtigtes Mitglied der Verbindung wird.

Des Weiteren wird die Beschaffenheit einer Kneipe bestimmt, so sind für gewöhnlich am Kopfe einer Kneipe die Embleme der Studentenverbindung dargestellt sowie ein Farbenspeer vor dem Präsidium und eine Tafel zum Ankreiden am Kontrapräsidium. Schließlich werden der Bierverschiss, auch BV genannt, und der Bierkranke definiert. Bierverschiss bedeutet den Ausschluss vom Biercomment und von Trinkspielen wegen ungebührlichen Verhaltens oder Trunkenheit. Als bierkrank werden Teilnehmer bezeichnet, die kein Bier oder keine commentgemäßen Stoffe trinken wollen oder können; sie sind von den Trinkregeln des Biercomments befreit.

Kneipgesetze

In den Kneipgesetzen werden der kommentgemäße Stoff sowie die Regelungen zu Tempus dargestellt. In diesem Kapitel werden auch die Bierstrafen behandelt. Ein wichtiger Bestandteil der Abwendung einer Bierstrafe besteht in der Einhaltung des richtigen Zeitmaßes in Bierhandlungen, der Bierminute.

Bierminute

Eine Bierminute ist eine Zeiteinheit unter Verbindungsstudenten. Dabei gilt: Fünf Bierminuten = drei Zeitminuten. Oft ist in einer Bierminute auch nur die Hälfte der bürgerlichen Zeit enthalten: sechs Bierminuten = drei Zeitminuten. Dies ist die Zeit, in der in der Regel die unter Couleurstudenten üblichen, bierehrlichen Handlungen vollzogen werden müssen. (z. B. eine Kanne, ein Bierjunge oder eine Stafettte.)

Biergeschäfte

Zur Belebung einer Kneipe dient das Vor- und Nachtrinken. Jedes vorgetrunkene Quantum bis zu einem Ganzen muss dabei angenommen werden. Dabei kann ein dritter, bierehrlicher Kneipteilnehmer die Bierverpflichtung nach dem Antrinken abnehmen mit den Worten: „danke, geschenkt, ich übernehme!" Auch gibt es besondere Formen der Ehrung mit einem beliebigen Quantum, jedoch nur aus einem frisch gefüllten Gemäße auf das Spezielle zu trinken. Hier sind auch Steigerungen möglich wie bspw. das ganz Spezielle.

Bierzeremonien

Bierduell von Georg Mühlberg (1863–1925)

Als Bierzeremonien werden Bierskandale oder Bierjungen bezeichnet.
Als Bierjunge (auch Bierskandal, Bierduell, Biermensur oder Trinkmensur; in der Schweiz auch Jünger genannt) bezeichnet man einen studentischen Brauch des kompetitiven Trinkens von Bier, wie er heute noch in Studentenvereinigungen gepflegt wird (auf Wettbewerb ausgerichtet; in einem Wettbewerb bestehen können).

ADB § 42: „Wer einem Kneipteilnehmer einen Bierjungen aufbrummt, hat innerhalb von fünf Bierminuten einen Unparteiischen zu benennen und durch das Präsidium verkünden zu lassen, wonach innerhalb weiterer fünf Bierminuten der Bierjunge steigen muß. Der geforderte hat zum Zeichen, dass er den Bierjungen annimmt, „hängt" zu sagen.

Des Weiteren gibt es das Biergericht. Dies kommt zur Anwendung, falls jemandem ein Unrecht auf einer Kneipe widerfahren ist.

„Der dümmste Leim, auf den man kriecht, ist ein betrunkenes Biergericht."

Feierliche Kneipzeremonien

In den Bereich der Feierliche Kneipzeremonien fällt die höchste studentische Ehrung, die einer Person oder Sache erwiesen werden kann, der Salamander.

Der Salamander ist die höchste studentische Ehrenbezeugung, die einer Person oder Personengemeinschaft erwiesen werden kann. Zuweilen wird auch bei Festkommersen ein Salamander auf das österreichische Vaterland gerieben. Der Salamander scheint mit dem Glauben an die Feuerbeständigkeit Zusammenzuhängen, Auch die Freundschaft soll durch den Salamander die Feuerprobe bestehen. Eine andere Auslegung soll die sein, dass die alten

Germanen bei ihren Trankopfern die Krüge ergriffen und sie in einförmiger Weise dreimal auf geglättetem Fels rieben, sie dann der Sonne entgegen hoben und austranken und im gleichen Takte die Krüge zur Erde niedersetzten, so dass es wie ein einziger Schlag erklang.

Eine weitere Zeremonie, die von Verbindung zu Verbindung unterschiedlich gehandhabt wird, ist der Landesvater.

Der Landesvater ist eine mit besonderer Feierlichkeit verbundene studentische Förmlichkeit zur Bekräftigung der Treue zum Vaterlande und zur Erneuerung des Burscheneides.

Häufig zitierter Paragraph des Allgemeinen Deutschen Bierkomment ist der § 11: „Es wird fortgesoffen". Diese gewisse Spaßhaftigkeit wird von Kritikern derart ausgelegt, dass Kneipen vordergründige und extreme Trinkveranstaltungen wären und dem Alkoholismus starken Vorschub geleistet würde. Verteidiger des Bier-Comments sehen in der Kritik eine Unterschätzung des geistigen Charakters eines Kommerses oder einer Kneipe und der Sinn des Bier-Comment bestehe gerade darin, durch die Regularien des Bier-Comments eine gewisse Disziplin und Ordnung herbeiführen. In jüngerer Zeit haben einige Verbindungen den umstrittenen Paragraphen indes entfernt.

13.　Der Biersommelier

Ein Biersommelier ist ein Experte für die Beurteilung von Bieren. Der Ausdruck Sommelier ist an die Verwendung als Weinkenner oder Mundschenk angelehnt.

In der Ausbildung zum Diplom-Biersommelier wird Bierwissen mit Leidenschaft vermittelt und die Sensorik tiefgründig erforscht. Die Teilnehmer der Ausbildung müssen zahlreiche schriftliche und praktische Prüfungen bestehen, um das Zertifikat zu erhalten und die silberne Anstecknadel „Diplom Biersommelier" tragen zu dürfen.

Was macht man als Biersommelier? Der Biersommelier berät Kunden einer Brauerei, Einkäufer, Gäste und Gastronomen. Zu den Kompetenzen zählen Aussagen zum Herstellungsprozess eines Bieres sowie Empfehlungen der passenden Biersorte zu Speisen. Für Gastronomen soll ein Biersommelier die Bierkarte zusammenstellen und den Koch bei Rezepten mit Bier beraten. Die beliebteste Art für Gäste in Gaststätten oder Brauereien mit angeschlossener Brauereigaststätte ist das Bierdiplom oder auch Bierseminar, wo jeder mitmachen und seine Kompetenz beweisen kann.

Wenn ein Biersommelier in Prosa PR macht, dann klingt das ungefähr so:

„Sein Aroma ist geprägt von weichen Malznoten und Biskuit, harmonisch gepaart mit floralem Hopfenaroma. Der Antrunk ist spritzig und erfrischend.Dabei entwickelt sich ein erstaunlicher Malzkörper eingerahmt von einer feinherben Hopfenbittere, die zum Weitertrinken anregt. „

Bierbeprobung

Vom abgefüllten Bier werden in den Brauereien regelmäßig Stichproben entnommen und einer sensorischen Beurteilung unterzogen. Unterschieden wird zwischen

- **Geschmack**: bitter, salzig, süß, säuerlich, vollmundig, herb, mild,
- **Geruch**: aromatisch fruchtig, wohlriechend blumig, harzig/nussig, getreideartig, karamellartig, seifig, schweflig, modrig,
- **Aussehen**: klar, blank, opal, trüb und Farbe.

Ziel ist es, wie auch bei den während des gesamten Brauprozesses überwachten chemisch-technischen Parametern, für die einzelnen Produkte eine gleichbleibende Qualität zu gewährleisten und Fehler rechtzeitig zu erkennen. Treten Abweichungen von den verschiedenen Qualitätsnormen der jeweiligen Brauerei auf, wird durch Verschnitt mit anderen Chargen versucht, die Betriebs-standards zu erreichen.

Sensorische Prüfungen werden auch bei Vergleichen zwischen verschiedenen Biersorten und Biermarken durchgeführt. Zusätzlich wird oft auf die sorten- und regionalspezifische Reintönigkeit geachtet. Dazu erfolgt häufig eine Einteilung in Antrunk, Mittelteil und Abgang.

Vergleichbar der Weinprobe gibt es auch die Bierprobe für ein breiteres Publikum.

Im Duft leichte Noten von Biskuit und roten Früchte, die Farbe ein leuchtendes Kupferrot, dazu ein moussierendes Mundgefühl. Wer denkt, dass es sich hier um die Beschrei-bung eines Wein-Experten handelt, irrt sich. Es geht um Bier. Diese blumige Sprache hat nur ein Sommelier und der geübt Biersommelier erkennt knapp 700 Geschmacksaromen. Ob obergärig oder untergärig, welche unterschiedlichen Sorten es gibt, welche Rolle die verschiedenen Zutaten für den Geschmack spielen und aus welcher Verpackung man das Bier am besten genießen sollte, dass kann er auch erklären.

-Tagesangebot: Kaltes Schaumsüppchen von Hopfen und Malz auf Bierdeckel.

Bierverkostung , Bierdiplom und Bierseminar

Wie macht man eine Bierverkostung?

1.   Die Optik. Das Glas gegen eine Lichtquelle (Fenster/Lampe) halten, um die Farbe zu betrachten.
2.   Der Geruch. Das Glas etwas schwenken, um die Aromastoffe freizusetzen.
3.   Geschmack. Vor dem Schluck einatmen, dann mit dem Schluck **Bier** im Mund über die Nase ausatmen, so lassen sich die Aromen besser wahrnehmen.

In Bamberg gibt's das Bierdiplom und das Bierseminar.
Franken ist historisch weit über die Grenzen Bayerns hinaus für seine Braukunst und sein Bier bekannt. Dabei lernt man alles Notwendige über den kultigen Gerstensaft von einem Bier-Sommelier.
Bei dem Bier-Seminar an der Bier-Akademie in Bamberg lernt man die wichtigsten Fakten rund ums Bier. Nach einer kurzen Einführung zur Biergeschichte und -herstellung geht es im

weiteren Verlauf um den Prozess des Brauens. Dabei darf natürlich auch der Genuss nicht zu kurz kommen. Deshalb werden im Rahmen des Seminars gemeinsam neun Biersorten verkostet und jeweils dazu passende Häppchen sowie Käse und sogar Schokolade. Dabei lernen die Teilnehmer, wie man die jeweiligen Biersorten mit den richtigen Speisen kombiniert.

Bierseminare mit Verleihung eines Bierdiploms gibt es fast an fast allen Brauereien und vielen Restaurants, die einen Biersommelier angestellt haben. Auch im Biermuseum Kulmbach ist es möglich.

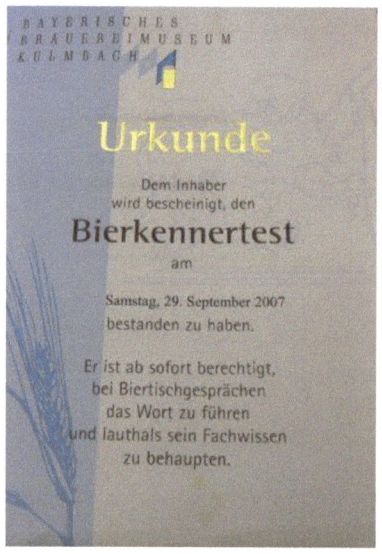

Bayerisches Brauereimuseum Kulmbacher Mönchshof

Der Bierstachel

Das Zelebrieren von Bier mit einem glühenden Eisenstab, dem Stachel kommt vermutlich aus England des 19. Jahrhunderts. Dadurch haben sie zum einen das Bier erwärmt und zum anderen einen cremigen Schaum gezaubert. Man erzählt sich, das Bierstacheln hätten einst Schmiede erfunden. Sie wollten ihr Bier (kalt Bier) im Winter ein wenig erwärmen. So erwärmte sich das Bier und es schmeckte sogar noch besser.

Meines erachtens ist es zurückzuführen auf ein altes Brauverfahren, welches das Brauen mit heißen Steinen beschreibt. Als es noch keine feuerfesten Metallpfannen oder Sudkessel zum Erhitzen der Maische gab, wurden einfach heiße Steine in die Bierwürze geworfen. Nur Grauwackesteine, eine grünliche Granitsorte, hielten damals wie heute die immensen Temperaturstürze von mehr als 1000 Grad Celsius aus, ohne zu zerberste aus. Unter gewaltigem Zischen und Dampfen werden dann die heißen Steine in die Sudpfanne geworfen. In Sekundenschnelle karamelisiert der

Malzzucker und dringt in die noch offenen Poren der Steinbrocken.

Nach mehreren Stunden der Abkühlung beginnt eine explosionsartige Gährung durch die Hefe - früher Spontangärung, heute durch gezielten Hefezusatz- die den karamelisierten Zucker langsam vom Stein löst und es wird dabei Kohlensäure freigesetzt. Heute gibt es wieder einige wenige Brauereien, die das "Steinbier", das Bier aus Feuer geboren, produzieren.

Nichts anderes macht der Biersommelier mit dem Stacheln mit dem fertigen Bier und zelebriert das Biererwärmen wie die damaligen Schmiede.

Das rot gefärbte Eisen taucht man ins kühle Bockbier. Es zischt wunderbar, weil am Feuer erlebt man im Freundeskreis schöne Momente. Durch das Stacheln schmeckt das Bockbier sehr cremig und hat eine Note von Caramell und Zuckerwatte. Der Effekt ist einfach zu erklären. Durch den heißen Eisenstab entbindet sich die Kohlensäure und schäumt auf. Es wird halt cremiger.

Die Hitze lässt den Restzucker im Bier karamellisieren und es schmeckt dadurch süßer. Röstaromen werden ebenfalls gebildet.

Bestens geeignete Biere sind die mit viel Restzucker, wie Böcke und Doppelböcke oder Scotch Ales und dunkle Biere wie z. B. Porter.

Gerade in der Weihnachtszeit und im Winter entfaltet diese Zeremonie ihren Zauber. Das Stacheln sollte 2-3 sec dauern. Die Stacheltemperatur sollte zwischen 600und 800 °C betragen.

Nach heißem Hugo, heißer Oma, Glühwein, Glühbier, heißer Mönch oder Nonne nun gestacheltes Bier.

Der Bierwärmer

Dann gibt es noch den Bierwärmer fürs Glas. Ein Bierwärmer ist ein metallisches Objekt, mit dem man sein Bier nach Wunsch temperieren kann. Zu DDR-Zeiten gab es diesen Bierwärmer auf Wunsch in jeder kleinen Kneipe und ich habe ihn auch schon mal benutzt. Wenn man es mit dem Magen hat und kaltes Bier schlecht verträgt nimmt man angewärmtes Bier zu sich.

Der Bierwärmer besteht aus einem Metallzylinder (Edelstahl oder Kupfer), der zumeist mit einem Deckel verschlossen ist. Am oberen Ende ist ein Haken angebracht, mit dem der Zylinder an den Glas - oder Krugrand gehängt werden kann. In den Zylinder wird warmes bzw. Heißes Wasser gefüllt. Der Bierwärmer wird anschließend so lange in das Bierglas oder in den Bierkrug gehängt, bis das Bier die gewünschte Temperatur erreicht hat. In einer anderen einfacheren Variante wird ein Metallstab in heißem Wasser erwärmt und dann in das Bierglas gesteckt.

Bierwärmer im Glas

Aus welchem Glas trinkt man welches Bier?

Zu Beginn trank man noch aus der hohlen Hand und später aus Tierhörnern, die man noch heute als Andenken oder so erwerben kann.

In der Regel kann man Bier aus jedem sauberen Glas trinken. Jede Art von Schmutz oder Fett verhindert jedoch die Schaumbildung, sodass stets auf saubere Gläser geachtet werden muss. Genauso verhindert die Reinigung mit handelsüblichen Spülmitteln die Schaumbildung. Ansonsten ist zu sagen: Es gibt so viele Arten von Biergläsern, wie es Biersorten gibt. Der so genannte Willibecher, der in jedem gut sortierten Fachhandel käuflich erworben werden kann, gilt als neutrales Bierglas und ist in verschiedenen Größen erhältlich.

Pils wird aus Tulpen getrunken, Export und Alt aus Bechern und Kölsch aus Stangen. Weiße wird aus großem Pokal getrunken und Weißbier aus hohen geschwungenen Gläsern die einen halben Liter (also eine komplette Flasche) fassen. Bayrisches Helles wird aus Maßkrügen getrunken, die ein Liter fassen.

Zum Vergnügen gibt es dann noch den Bierstiefel. Daraus zu trinken erfordert schon einiges Geschick, ohne das man sich besabbert.

14.   Die britische Institution Pub

Das oder auch der Pub (Mehrzahl: *die Pubs*) ist im Vereinigten Königreich,   in Irland und   in   der   französischen Region Bretagne eine Kneipe und hat dort seinen festen Platz im sozialen Leben. Der Begriff leitet sich von Public House, einem der Öffentlichkeit zugänglichen Haus, ab.
Auf den britischen Inseln führten   früher die Alewives ihre Bierpubs. Sie brauten nicht nur ihr eigenes Bier, sondern schenkten es auch aus. Im 16. Jahrhundert ging die Zeit für die Brauerinnen zu Ende , da sie "Dank" des dort herrschenden Klerus so diskriminiert wurden und ihnen die rechtliche Grundlage für den Pub entzogen wurde.

Die Sperrstunde in den Pubs wurde im Jahr 1915 gesetzlich eingeführt. Damit sollte   verhindert   werden,   dass   die englischen Rüstungsarbeiter bis tief in die Nacht hinein tranken und am nächsten Tag verkatert in der Fabrik standen. Wenn die Glock ertönt, ruft der Tresen in Londons Pubs noch zur "Last Order".

Die Briten sind ein Volk, das seine Traditionen hochhält – auch wenn es manchmal nervt. So fiel vor zehn Jahren die Sperrstunde in den Pubs. Doch die meisten Wirtshäuser halten sie noch immer ein. Wenn in Pubs die große Schiffsglocke erklingt, kommt Bewegung in die holzgetäfelten vier Wände. In Scharen strömen die Gäste zur Theke, um der non-verbalen Aufforderung Folge zu leisten: „Last Order".Die Glocke sagt dem Pub-Volk unmissverständlich: „Wer noch ein Bier will, der muss jetzt bestellen – oder zu Hause weiter trinken."

In vielen britischen Pubs ist diese alte Regel noch immer Gesetz – auch zehn Jahre nach der Aufhebung der strikten Sperrstunde ab 23.00 Uhr am 11. November 2002. Die Glocke gehört zu einem britischen Pub nach wie vor wie der Barkeeper hinter dem Tresen und der unvermeidliche Teppichboden davor.

In Großbritannien ist die Gepflogenheit weit verbreitet, nach der Arbeit mit den Kollegen Bier zu trinken. Die Umgangsformen sind unkompliziert. Das Pub ist einer der wenigen Orte in Großbritannien, an dem Klassenunterschiede eine geringe Rolle spielen.

Getrunken wird traditionell Bier in den Variationen Lager, Ale und Bitter aus einer reichen Auswahl, das man sich selbst an der Theke holt und dort auch sofort bezahlt. Trinkgeld ist verpönt. Dafür bedankt man sich beim Wirt mit einem Bier auf Kosten des Gastes.

Pinte bzw. das Pint ist ein altes, aber bis heute verbreitetes Raummaß aus dem angloamerikanischen Raum Es wird sowohl für Flüssigkeiten als auch für Trockenmaße verwendet. Ein Pint in Großbritannien und Irland entspricht 0,5683 Liter. Bei typischen Pintgläsern gibt es keine Ausschankmaße sondern ein Pint ist mit Abschluss des Glasrandes erreicht.

Üblich in England war auch, dass sich die Braustube neben der Backstube und der Pub neben der Kirche befanden. So konnten die Hefesporen auf dem kürzesten Weg in Maische und die Kirchenbesucher in den Pub gelangen.

Großbritannien ist in der Welt die Bierfestung des Ales und Lagers.
Skol!

Die Herkunft des englischen Wortes Skull (Totenschädel) ist eine Geschichte, die ihren Platz nicht nur an Lagerfeuern hat: Die grausamen nordischen Krieger, ständig betrunken und kampfeslustig, hatten ein ganz besonderes Hobby. Um ihre Siege ausgiebig zu feiern tranken sie Bier aus den Schädeln ihrer gefallenen Gegner, dabei stießen sie mit dem Work Skol (skull!) an.

Warm ist die Norm

Vielleicht haben Sie es schon einmal gehört, dass die Briten ihr Bier warm trinken. Warm ist natürlich eine Frage der Definition. Verglichen mit den eiskalten Temperaturen, mit denen ein US-Lager serviert wird, ist ein britisches Ale warm. Aber versuchen Sie einmal, ein »warmes Bad« zu nehmen, wenn die Wassertemperatur gerade mal 13 Grad Celsius beträgt. Es wird Sie frösteln! Und diese Temperatur wird als »normal« für die meisten englische Ales betrachtet. Aus triftigem Grund: Produkte, die warm vergoren werden, können ihre Qualitäten nicht völlig entfalten, wenn sie zu kalt getrunken werden.

Beliebte Pubspiele

Unabhängig vom Eigentümer oder der Bierauswahl eines Pubs, sind Spiele in Großbritanniens Kneipen sehr populär.

Sie gehören zur britischen Bierkultur wie das Bier selbst. Sie sind der »Spaß zum Bier«.

Weit verbreitet sind insbesondere die Dartspiele (das mit den Pfeilen). Sie sind so selbstverständlich wie der alltägliche Biergenuss. Aber es gibt auch andere, weniger bekannte Spiele

— wie cribbage, ein beliebtes Kartenspiel. Domino und die britischen »skittles«, eine Art Tischversion des Bowlings/Kegelns sind ebenfalls häufig anzutreffen. In Deutschland sind

Eine ur-britische Institution ist in Gefahr: der Pub auf dem Lande. Leider machen immer mehr Pubs auf dem Lande zu. Um dem Trend entgegenzuwirken, hat Chales der Prinz of Wales 2008 die Kampagne **«Pub is the Hub» ins Leben gerufen** - frei übersetzt: Die Kneipe ist der Dorfmittelpunkt. Sie vermittelt günstige Kredite an Pub-Wirte, die ihre Lokale modernisieren wollen, um sie für ein größeres, auch jüngeres Publikum attraktiv zu machen.

Alewives

Aus dem Englischen übersetzt- Alewife, auch Brauerin, ist ein historischer Begriff für eine Frau, die Bier für den kommerziellen Verkauf braute. Frauen waren schon vor der Industrialisierung des Brauens im Brauen aktiv.

Alewives betrieben auch Kneipen und Bierauschänke und waren oft ein wenig verschrien.Sie wurden oft mit einer Hexe verglichen.

Das sprudelnde Gebräu und der Besenstiel trugen ihr Übriges bei.

War ein Brauvorgang vollendet und das Ale verkaufsfertig, wurde von der Alewive ein Stecken an ihr Haus angebracht.

Hexen tragen einen schwarzen Spitzhut, fliegen auf Besen und brauen Tränke in einem Kessel. Woher stammt unser Bild von einer Hexe? Englische Bierbrauerinnen aus der Vergangenheit scheinen eine Antwort darauf zu geben.

15. Sprüche, Redewendungen und andere Weisheiten

Wortspielereien

Im englischen gibt es für alle Dinge nur einen Artikel, das the. Damit ist alles abgedeckt und man muß nicht überlegen, ob männlich, weiblich oder sächlich.
Seit der EU gibt es es noch den Quatsch mit dem gendern. Zum Beispiel bei den Anzeigen zur Suche nach Arbeitskräften fragt man sich noch dazu wer oder was ist divers. Wenn ich ich sie als Leser ansprechen soll, dann lieber Leser, liebe Leserin und anders Lesende. Habe ich richtig gegenderd?
Für die Sachsen ist gendern etwas gänzlich anderes, nämlich mit dem Boot umkippen. Hoppla, aber wir sind doch beim Bier !

Also beim Bier weiß ich auch nicht so genau was richtig ist. Die Braugerste ist weiblich, die Hefe ist weiblich, das Wasser ist sächlich und der Hopfen ist männlich, oder nicht ? Halt hier stimmt was nicht, denn der Hopfen ist nur zu gebrauchen wenn es sich um die weiblichen Blütenstände handelt. Nun erklärt mir das doch mal einer, männlich, weiblich oder doch divers?

Und noch eins! Wenn die Braugerste ausgezutscht wurde, ändert sich plötzlich das Geschlecht und wird zum männlichen Treber. Zuletzt ist das Bier sächlich. Noch verständlich, es ist doch das Kind des Braupozesses.

Das „Bier Unser"

Das " Bier Unser Gebet " ist ein bekanntes Gebet, das eng mit der Bierkultur verbunden ist. Es hat seinen Ursprung in den traditionellen Brauereien und wurde von Braumeistern und Bierliebhabern über die Jahrhunderte hinweg weitergegeben. Das Gebet diente ursprünglich dazu, den Brauern für ihre Arbeit zu danken und um Segen für das Bier zu bitten.

Die Geschichte des „Bier Unser Gebets" reicht bis ins Mittelalter zurück, als das Bierbrauen eine wichtige Rolle im täglichen Leben spielte. Die Menschen betrachteten Bier als Nahrungsmittel und tranken es regelmäßig, da das Wasser zu dieser Zeit oft nicht sicher zu trinken war. Das Gebet entwickelte sich im Laufe der Zeit zu einer Tradition, die bei verschiedenen Bierfesten und -veranstaltungen rezitiert wurde.

Das „Bier Unser Gebet" ist eine humorvolle Anspielung auf das Vaterunser und wird oft bei Bierfesten und in Bierkneipen rezitiert. Das Bier-Unser-Gebet hat seinen Ursprung in Deutschland, aber es wird auch in anderen Ländern mit einer starken Biertradition wie Belgien. Wusstest du, dass das „Bier Unser Gebet" auch als „Brauersegen" bezeichnet wird und eine lange Tradition in der Bierbraukunst hat.

Die Biergebete: "Bier unser"

Liebe Gemeinde, andächtige Zuhörer, lasset uns beten. Vater Wirt, der du bist an der Schenke, geheiligt ist dein Fass,zu uns komme dein Bier, das du empfangen hast vom Brauhaus,das gelitten hat unter dem Schaukeln des Bierwagens,sitzend zur Rechten des Schlegels, des allmächtigen Hahnes,von dem es laufen wird, um das durstige Leben zu lassen.
Ich glaube an das Bier des Wirtes und an die Gemeinschaft der Säufer.

Vergib' uns unsere Schulden, die wir zu zahlen haben und führe uns nicht in Versuchung,nach Hause zu gehen, sondern erlöse uns von unseren Weibern und führe sie nach Hause.
So lasset uns weitersaufen, jetzt und in alle Ewigkeit.
Prost!
Oder
Bier unser das Du bist im Glase, gesegnet sei Dein Erfinder!
Mein Rausch komme, mein Filmriss geschehe,wie im Bierzelt so auch in der Kneipe und vergib uns unsere Schulden, wie wir vergeben unseren Wirten.
Und führe uns nicht in die Milchbar, sondern gib uns Kraft zum weitertrinken!
Denn mein ist der Rausch und die Bierseligkeit in Ewigkeit.
Prost!

Oder
Ich glaube an das Bier, kommend von der Brauerei,ruhend unter der Theke.
Von dannen es kommen wird zu löschen den Durst. Serviert von der Kellnerin, niederrinnend in den Magen,aufsteigend zum Gehirn,
Verwirrung stiftend bis zumnächsten Morgen.
Prost!

- Es ist so traurig, dass man das jedes Jahr auf's Neue erwähnen muss. Aber ein Auto bei 28 Grad 10 Minuten in der Sonne stehen lassen, dabei erhitzt es sich im Innenraum schon mal auf 35 Grad . Lasst kein Bier im Auto . Das ist Bierquälerei!

-      Bier unser , dass du bist im Glase, gesegnet sei dein Erfinder, mein Rausch komme, dein Wille geschehe, wie im HImmel - so auch in der Kneipe. Unser Durst still heute, und vergib uns all Schulden. Und führe uns nicht in die

Milchbar, sondern   gib uns Kraft weiter zu trinken, denn dein ist der Durst, der Rausch   und die Seeligkeit in Ewigkeit. Prost!

Hier eine kleine Sammlung von guten wie auch wenigen guten Sprüchen zum Biergenuß

-„Ein Bier ist wie eine Umarmung von innen."

- Tagesangebot: Kaltes Schaumsüppchen von Hopfen und Malz auf Bierdeckel.

- Mein Lieblingtier ist der Zapfhahn.
- Noch keiner ist in der Jugend gestorben, der bis in´s Alter hat gezecht.

- Forscher haben herausgefunden dass ein Glas Bier täglich nicht nur sehr gesund ist sondern auch sehr wenig.

-Seit Jahren wird behauptet, dass Bier am Abend dick macht. Wissenschaftler haben herausgefunden, dass Bier gar nicht weiß, wie spät es ist.

- Das erste Bier , das löscht den Durst, ein zweites stimmt mich heiter. Nach Dreien ist mir alles Wurscht drum sauf ich einfach weiter.

- Bier stellt keine Fragen, Bier versteht.

- Mit des Bieres Hochgenuß wächst des Bauches Radius.

- Ich trinke Bier nur an Tagen die mit „g" enden und Mittwochs.

- Jeder Tag hat seine Plagen, ein Krüglein Bier schafft Wohlbehagen.

- Es ist ein Grundbedürfnis der Deutschen, beim Bier schlecht über die Regierung zu reden. (Otto von Bismark)

- Bier ist eine wahrhaft göttliche Medizin. (Paracelssus, 1493-5141)

- Ein Bier ist wie eine Frau: man schaut es gerne an , es duftet und man würde seine Großmutter dafür hergeben (die Simpsons) .

- Hopfen und Malz, Gott erhalts.

- Ich sitze hier und trinke Bier. Wäre wirklich gern bei dir. Starkes Sehnen, starkes Hoffen. Kann nicht kommen - bin besoffen.

- Der Kopf tut weh, die Füße stinken. Zeit ein Bier zu trinken.

- Auch Wasser wird zum edlen Tropfen, mischt man es mit Malz und Hopfen.

- Bei kaltem Wetter läuft die Nase. Bei kaltem Bier passierts der Blase.

- Wer jeden Durst mit Bier gelöscht, wird wieder danach streben. Ein guter Trunk ist niemals schlecht, drum woll'n wir mal ein' heben.

- Durst wird durch Bier erst schön.

- Nur Wasser trinkt der Vierbeiner. Der Mensch der findet Bier feiner.

- Das Wasser gibt dem Ochsen Kraft, dem Menschen Bier und Rebensaft. Drum danke Gott als guter Christ, dass du kein Ochs geworden bist.

- Zwischen Leber und Milz passt noch immer ein Pils.

- Bier ist der Beweiß, dass Gott uns liebt und will, dass wir glücklich sind.

- Wer kein Bier hat, hat nichts zu trinken.

- Ich mag Menschen, die mir reinen Wein einschänken. Oder Bier! ....Bier geht auch !

- Bei dieser Hitze bitte nicht Duschen oder das Auto waschen. Die Brauereien brauchen das Wasser dringender!

- Natürlich kann einem von zuviel Biet übel werden. Aber nach 3 Liter Kakao kotzt im Grunde auch jeder.

- Durchschnittlich trinkt jeder von uns 146,9 l Bier im Jahr und läuft 1200 km zu Fuß. Das macht dann 12,24 Liter auf 100 km.

- O Himmel, laß die Gerste sprießen, gib Sonnenschein und Regen ihr und laß auch den Hopfen schießen, damit es wird ein gutes Bier.

- Wo ich geh und steh tun meine Knochen weh, sobald ich sitz und sauf, hören meine Schmerzen auf.

- Wenn dir zu hoch die Bierpreis scheinen darfst du deshalb dem Wirt nicht greinen, anstatt mit diesem dich zu zanken, sollst du beim Reichstag dich bedanken; anstatt zu schimpfen und zu wettern, beschwer dich bei den Volksvertretern, die du in Weisheit und Verstand im Vorjahr nach Berlin gesandt. Ertrag die neue Steuer heiter und sei das nächste Mal gescheiter!

- Bier ist unter den Getränken das nützlichste, unter den Arzneien die schmackhafteste und unter den Nahrungsmitteln das angenehmste. (Plutarch, 46-125 n. Chr.)

- Ein guter Wirt muß mehr können als Bier zapfen. Er braucht Menschenkenntnis und Lebenserfahrung und psychologisches Fingerspitzengefühl. Er ist im Zweitberuf Beichtvater und Sozialarbeiter.

- Ein Mensch der etwas leisten soll, der braucht auch etwas Alkohol. Denn Wasser ist für die bestimmt, die nicht mehr zu gebrauchen sind.

- Noch keiner ist in der Jugend gestorben, der bis ins Alter hat gezecht.

- Wer Bier trinkt hilft der Landwirtschaft.

- Der Herr Bürgermeister gibt bekannt,daß am Mittwoch Bier gebraut wird und deshalb ab Dienstag nicht mehr in den Bach geschissen werden darf!

- Gemütlichkeit wird dort gefunden, wo Bierdurst mit Humor verbunden.

- Lustig gelebt und selig gestorben heißt dem Teufel die Rechnung verdorben.

16.   Bierwerbung

Die Geschichte der Bierwerbung in Deutschland ist eine faszinierende Reise durch die Zeit. Viele Menschen denken bei Werbung für Bier direkt an die bekannten Werbespots im Fernsehen oder an Plakate, die in den Supermärkten oder Gaststätten hängen. Doch die Bierwerbung hat eine lange Geschichte und hat sich im Laufe der Jahrhunderte immer wieder verändert und angepasst.

Bierwerbung im Mittelalter

Im Mittelalter wurde Bierwerbung noch nicht in der Form betrieben, wie wir es heute kennen. Bier wurde von den Brauern direkt an die Wirtshäuser verkauft und von dort aus an die Gäste ausgeschenkt. Werbung wurde höchstens in Form von Schildern oder Plakaten betrieben, die auf das Angebot der Wirtshäuser hinwiesen. Eine gezielte Werbung gab es damals noch nicht.

Bierwerbung in der frühen Neuzeit

Im 16. und 17. Jahrhundert änderte sich dies langsam. Die Brauereien begannen, eigene Wirtshäuser zu eröffnen und warben verstärkt um die Gunst der Gäste. Plakate und Schilder wurden aufwendiger gestaltet und es entstanden erste Werbehefte und Flyer. Besonders in den Städten wurden die Wirtshäuser zu wichtigen Treffpunkten und Bierwerbung nahm an Bedeutung zu.

Bierwerbung im 19. Jahrhundert

Im 19. Jahrhundert erlebte die Bierwerbung einen wahren Boom. Die Industrialisierung sorgte für eine Verbreitung des Bieres und die Brauereien begannen, ihre Produkte massiv zu bewerben. Plakate, Zeitungsanzeigen und Werbespots im Kino wurden immer populärer. Die Bierwerbung war zu dieser Zeit jedoch noch sehr textlastig und eher schlicht gestaltet.

Bierwerbung im 20. Jahrhundert

Im 20. Jahrhundert erreichte die Bierwerbung schließlich ihren Höhepunkt. Große Brauereien wie Beck's oder Warsteiner investierten Millionen in aufwendige Werbekampagnen und prägten damit das Bild der deutschen Bierwerbung. Es wurden berühmte Werbeslogans entwickelt, wie etwa „Früh übt sich, wer ein Meister werden will" oder „Das Bier, das ich mein". Auch die Plakate und Anzeigen wurden immer aufwendiger gestaltet und oft von bekannten Künstlern entworfen.

Heutzutage hat die Bierwerbung an Bedeutung verloren. Viele Menschen sind kritischer geworden und lassen sich nicht mehr so leicht von Werbung beeinflussen. Auch gesetzliche Regelungen, wie etwa das Verbot von Tabakwerbung, haben dazu beigetragen, dass Bierwerbung heute weniger präsent ist als noch vor einigen Jahrzehnten. Dennoch gibt es immer noch zahlreiche Werbekampagnen von großen Brauereien und auch kleine Craft-Brauereien nutzen gezielte Werbung, um ihre Produkte zu vermarkten.

Auch wenn die Bedeutung der Bierwerbung heute nicht mehr so groß ist wie früher, bleibt sie ein wichtiger Bestandteil der Marketingstrategien von Brauereien.

Es ist interessant zu sehen, wie sich die Werbung im Laufe der Jahrhunderte verändert hat. Insgesamt bleibt die Bierwerbung ein wichtiger Bestandteil der Marketingstrategien von Brauereien und ein Spiegelbild der gesellschaftlichen Veränderungen und Entwicklung.Alkoholwerbung ist in Deutschland praktisch kaum reguliert, im Fußball ist Bier auch deshalb omnipräsent. Der Grund dafür ist eine

einflussreiche Lobby, zu der Brauereiverbände gehören –
und auch Fußballvereine.

Und sowohl die Brauereien als auch die Vereine füttern das
Image: Bier und Fußball, das perfekte Match. Aber ist eine
krankmachende Droge tatsächlich der geeignete
Werbepartner für einen Sport, der damit wirbt, für einen
gesunden Lebensstil zu stehen?
Tatsächlich ist der Fußball massiv abhängig vom Geld der
Brauereien. Jeder Profiverein der ersten und zweiten Liga
wird von einer Brauerei gesponsert, in den Amateurligen
findet man fast überall Bierwerbung auf Trikots oder
Bannern.
Der Umsatz von Bier in den Stadien generiert für Brauereien
und Vereine einen gewaltigen Umsatz. Ein Beispiel: Bei einem
Heimspiel des FC Schalke 04 werden im Stadion im Schnitt
30.000 Liter Bier konsumiert, das ist ein halber Liter pro
Zuschauer. Minderjährige und Nichttrinker mitgezählt.
Bierwerbung kann durch Außenwerbung erfolgen, das wäre
zum Beispiel Werbung auf Plakaten, oder als Werbegeschenk,
wie zum Beispiel Regenschirme oder Feuerzeuge.
Bierwerbung ist aber auch in den Medien, also im Fernsehen
oder in Zeitungen sehr effektiv. Alternativen für Bierwerbung
sind Verkehrsmittelwerbung auf Zügen, Heißluftballons etc
oder auch Textilwerbung auf Trikots. Bierwerbung darf sich,
wie auch die Werbung für andere alkoholische Getränke laut
Jugendschutz nicht an Kinder und Jugendliche richten

Genau wie auch andere Werbung versucht Bierwerbung den
Menschen gezielt und bewußt zu beinflussen, emotional und
infomierend, sendet Botschaften ruft Kaufhandlungen hervor
durch Außenwerbung, Medienwerbung auf Verkehrsmitteln

wie Zügen , Straßenbahnen und Bussen auf Heißluftballons
auf Textilien, auf Bierbörsen und und und.
Auf einem Bierplakat aus dem Jahre 1930 war folgendes
Biergdicht zu lesen:

Bier schafft Freude und Geselligkeit,
macht Appetit zu jeder Zeit,
beseitigt Ärger und Verdruß,
für Ihn und sie ein Hochgenuß,
gibt Kraft und Nervenruhe wieder,
löscht jeden Durst vorzüglich,
stimmt Jung und Alt vergnüglich,
gehört in jedes Haus und Zimmer,
Bier schmeckt immer !

Bierwerbung erfolgt auf unterschiedlichste Art und Weise.
Wir kennen da Plakate, Gläser, Flaschen, Etiketten,
Blechschilder, Bierkästen, allgemeine Werbeartikel sowie
Radio- und TV-Werbespots, ohne vollständig aufzuzählen.
Biertrucks sind beliebte Sammelobjekte geworden.

Blechschilder werden für den Privtgebrauch angeboten (als beliebte Sammelobjekte) wie auch zur Außenwerbung als

Werbeträger verwendet. Auch hier gibt es bestimmte Formen oder geprägte Reliefs

Gläser und Flaschen
Hier sind Gläser mit dem Brauereiaufdruck beliebt bzw mit einem Brauereirelief versehen. Auch bestimmte Formen geben Rückschluß auf die Brauerei. Genauso ist es mit den Flaschen.

Plakate an Litfaßsäulen oder auf anderen Plakatträgern

Brauereibilder als Spiegelbilder mit Werbung

und alte Brauereiansichten

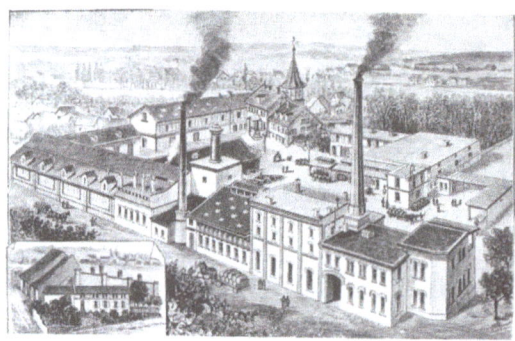

sowie Bierkästen

17.   Gläserkunde

Die Arten von Biergläsern werden vor allem durch die unterschiedlichen Eigenschaften von obergärigem und untergärigem Bier bestimmt.

Obergärige Biere haben einen hohen Kohlensäuregehalt und die passenden Biergläser benötigen somit eine große Öffnung. Hierzu zählt zum Beispiel das Weißbierglas, das dafür sorgt, dass das Bier nicht überschäumt und die Kohlensäure sich entfalten kann.

Untergärige Biere, wie zum Beispiel das Pils, haben einen geringeren Kohlensäuregehalt. Hier braucht ihr ein Bierglas mit einer kleineren Öffnung und einem geringeren Durchmesser, sodass sich die Kohlensäure erhöhen kann.

Hier eine kleine Auswahl:

Die Tulpe ist wohl das bekannteste Bierglas Deutschlands und hat einen charakteristischen runden Fuß mit einem bauchigen Ansatz. Die Biertulpe fasst in der Regel 0,33 l und ist vor allem für Pils beliebt, denn die vergleichsweise kleine Öffnung sorgt für die perfekte Schaumkrone. Verschiedene Pilstulpen unterscheiden sich meistens nur durch das aufgedruckte Markenlogo.

Der Pils Pokal hat ebenfalls einen runden Fuß und wird nach oben hin breiter. Auf den ersten Blick ähnelt der Pils Pokal der Tulpe, hat aber einen kürzeren Stiel. Dieses Glas ist für Pilssorten mit einem starken Malzaroma geeignet oder aber auch für Lager und Export.

Der Becher ist zylindrisch geformt und hat einen größeren Durchmesser. Aus dem Becher werden vor allem Altbiere getrunken. Die Gläser haben einen relativ kleinen Inhalt, was für das schnell schal werdende Altbier ideal ist.

Die Stange ist auch zylindrisch geformt, hat aber einen schmaleren Durchmesser.

.Die Kölschstange ist speziell für Kölsch gefertigt, denn es wird nur wenig CO_2 an die Luft abgegeben. So kann Kölsch schnell ausgetrunken werden. Daher hat die Stange auch nur ein kleines Fassungsvermögen von 0,2l.

Der Krug kann schnell an seinem Henkel erkannt werden und gehört zu den traditionellen Biergläsern. Krüge halten Bier länger kühl und eignen sich ideal zum Anstoßen. Durch die Dicke des Glases ist der Krug besonders stabil und wird daher gerne in Biergärten verwendet.

Die Schale hat einen langen Stiel und ist halbkreisförmig. Besonders bekannt ist die Berliner Weiße Schale, ein traditionelles Bierglas mit einem Fassungsvermögen von 0,3l.

Ein Superfest-Bierglas (0,25 l) mit dem typischen Eichstrich war fast nicht kaputt zu kiegen und war sogar noch stapelbar.

Mitte der 1970er-Jahre begannen in der DDR Versuche, das herkömmliche dünnwandige Wirtschaftsglas fester und hitzebeständiger zu machen. Angestrebt wurde die fünffache Lebensdauer eines gewöhnlichen Trinkglases, erreicht wurde die 15-fache. Weitere Vorzüge waren die Hitzebeständigkeit, die Stapelbarkeit und das geringere Gewicht. Die Superfest-Gläser sind vor allem in der Gastronomie eingesetzt worden

Neben den anfänglichen Biergläsern wurden später auch Schnapsgläser, Vasen, Eisbecher und andere Formen ins Sortiment aufgenommen.
Bis zum Produktionsende am 1. Juli 1990 wurden 110 bis 120 Millionen Superfest-Trinkgläser in allen Größen gefertigt.

Hauptabnehmer war die DDR-Gastronomie. Der beabsichtigte Verkauf in der Bundesrepublik kam nicht zustande.

„Bei Coca Cola zum Beispiel hieß es: Warum sollen wir ein Glas nehmen, das nicht kaputtgeht? Wir verdienen Geld mit unseren Gläsern. Die Händler sagten verständlicherweise: Wer sägt schon den Ast ab, auf dem er sitzt?"

In meinem Pub habe ich noch ca. 20 solcher Gläser im Gebrauch und bin stolz, sie zu besitzen.

18.   Ist Bier gesund?

-     *Bier ist unter den Getränken das nützlichste, unter den Arzneien die schmackhafteste und unter den Nahrungsmitteln das angenehmste. (Plutarch, 46-125 n. Chr.)*

- *Bier ist eine wahrhaft göttliche Medizin. (Paracelssus, 1493-1541)*

Bier ist eine bewußtseinsfördernde Substanz !!!
Bier enthält alle B-Vitamine- dafür sorgt vor allem das Malz. Als Mineralstoff im Bier ist ernährungsphysiologisch die Phosphor-säure wichtig, denn sie ist Bestandteil der lebensnotwendigen Zellbausteine. Bier enthält auch Kalium, es unterstützt unter anderem die Ausscheidung von Natrium.

-     *Noch keiner ist in der Jugend gestorben, der bis ins Alter hat gezecht.*

Was ist dran am Mythos vom gesunden Bier? Bier macht schöne Haare (Malz und Hefe enthalten beispielsweise besonders viel Vitamin B5, auch als Pantothensäure bekannt, die besonders wichtig für die Haut ist. Bier enthält Antioxidantien, sowie (geringe) Mengen an Eiweiß, Vitamin B, Eisen, Kalzium, Phosphaten und Ballaststoffen. Zudem haben mehrere Studien gezeigt, dass Biertrinken gut für das Herz ist. Sie fördert den Energiestoffwechsel und hilft gegen vorzeitige Faltenbildung), hilft gegen Erkältung und macht dich glücklich, so behaupten es die einen.

Generell hat Bier eine durchaus positive Wirkung auf den Cholesterinspiegel sowie auf den Blutdruck. Auch das Herzinfarktrisiko soll bei moderatem Bierkonsum sinken. Man muss allerdings beachten, dass sich der im Bier enthaltene Alkoholgehalt wiederum negativ auf die Gesundheit auswirkt. Grundsätzlich ist ein gesunder Mittelweg aus moderatem Bierkonsum und gesunder Ernährung .

Wer seiner Gesundheit etwas Gutes tun möchte, wird sicherlich nicht gut damit beraten sein, massenhaft Bier zu trinken, das ist klar. Unfiltriertes Bier gilt allerdings einen gesundheitlichen Mehrwert. Im Idealfall sollte sogar der Alkohol weggelassen werden, damit sich die gesunden Substanzen entfalten können und nicht durch die negativen Effekte des Alkohols beeinträchtigt werden. Aber auch ein ganz normales Pilsener (etc.) ist in Maßen genossen wenig schädlich.

Wie viel Bier am Tag ist schädlich?

Die Wirkung bei einem täglichen Bierkonsum ist ganz klar: Würde man dieselbe Menge Bier an jedem Tag trinken, so wird die berauschende Wirkung nachlassen und der Körper entwickelt von Tag zu Tag eine höhere Toleranz. Genau dies birgt die Gefahr, die Menge zu erhöhen, um die gewünschte Wirkung zu erzielen. Empfehlenswert ist daher, nicht an jedem Tag oder zu jedem Feierabend Bier zu trinken, sondern mindestens 2-3 Tage in der Woche zu pausieren – also kein Bier zu trinken. Da Menschen sich generell an einen regelmäßigen Konsum gewöhnen, kann durch sehr kurze und kleine Konsumpausen die Gewöhnung durchbrochen werden. Sobald der individuell unterschiedlich vertragbare Konsum an Alkohol überschritten wird, kann sich das Risiko erhöhen, an Herz-Kreislauf-Beschwerden zu erkranken oder an Leber- und Nierenschäden zu erleiden

Die grundsätzlichen Auswirkungen von Bier sind noch nach 2-3 Wochen im Körper messbar. Ein 100%iger Abbau von Bier findet daher also erst nach einem guten halben Monat statt. Dennoch: Ein durchschnittlicher Mann baut zwei Flaschenbier (0,33 Liter) in etwa 3,5 Stunden ab. Auf diese Weise wird der Blutalkohol um 0,15 Promille pro Stunde gesenkt.

Welches ist das kalorienärmste Bier?

Wie könnte es anders sein? Das Bier, das an dieser Stelle die Spitzenposition gewinnt, das ist natürlich das alkoholfreie Bier. Alkoholfreies Bier weist rund ca. 40% weniger Kalorien auf als ein Bier, das ganz klassisch mit Alkohol daherkommt. Wer also Wert auf seine Figur nimmt oder sich im klassischen Abnehm-Modus befindet, sollte eher auf alkoholfreies Bier zurückgreifen bzw. mit alkoholhaltigem Bier nicht übertreiben.

-   Forscher haben herausgefunden, dass ein Glas Bier täglich nicht nur sehr gesund ist sondern auch sehr wenig.

Bier ist ein ungesunder Dickmacher, das sagen die anderen. Bier macht Appetit und so ißt man etwas mehr als sonst. Kalorienmäßig ist Bier gar nicht so gehaltvoll und der Bierbauch stammt nicht vom Bier sondern vom übermäßigen Essen!
Es ist vor allem relativ nahrhaft.
1Glas Bier = 500ml = 210 kcal
2 Gläser Rotwein = 250ml = 210 kcal
oder1 großes Glas Apfelsaft

.

Doch ganz unschuldig ist das Bier nicht. Die Bitterstoffe im Bier regen den Appetit an und verleiten zum Genuß von deftigen Speisen und Knabbereien.

- *Seit Jahren wird behauptet, dass Bier am Abend dick macht. Wissenschaftler haben herausgefunden, dass Bier gar nicht weiß, wie spät es ist.*

Mit des Bieres Hochgenuss, wächst des Bauches Radius.
Der bekannte „Bierbauch" entsteht nicht unbedingt durch den Genuss von Bier. So hält sich hartnäckig: die Mär vom Bierbauch. Als Drohung für den einen oder anderen Biertrinker mag sie auch heute noch als gelungene Abschreckung dienen. Aber was ist wirklich dran an der Geschichte?
    Betrachtet man die Kaloriengehalte unterschiedlichster Getränke, so schneidet das Pils mit 43 Kalorien in 100 Milliliter im Vergleich zum Apfelsaft, der mit 57 Kalorien in der gleichen Menge, und Sekt, der gar mit 83 Kalorien zu Buche schlägt, erst einmal sehr gut ab.
Daran kann es also nicht liegen. Jeder von uns nimmt dann an Gewicht zu, wenn er mehr Kalorien zu sich nimmt, als er verbraucht. Aber keiner wird das eine oder andere Kilo zu viel auf einen übermäßigen Konsum von Apfelsaft zurückführen. Der (Bier-)Bauch ist hauptsächlich eine Folgeerscheinung falscher Ernährung und mangelnder Bewegung. Die Herleitung kommt vermutlich daher, dass Bier früher meist von Männern getrunken und so die Schlussfolgerung gezogen wurde, dass das Übergewicht der Herren auf die vielen Gasthausbesuche zurückzuführen sein musste. Vermutlich kam der Bauch auch hier zustande, aber nicht das Bier per se war der Verursacher, sondern die Menge des Bieres und das Essen, das dazu verspeist wurde. Denn was in der Tat richtig

ist: Bier hat eine appetitanregende Wirkung. Kohlensäure und Alkohol regen verstärkt die Magensäureproduktion an, und so kommen schnell ein Hungergefühl und der Wunsch noch ein paar Häppchen zum Bier auf.. Grundsätzlich gilt: Was zu viel ist, ist zu viel – von allen Getränken und allen Speisen.

Sie hält sich hartnäckig: die Mär vom Bierbauch. Als Drohung für den einen oder anderen Biertrinker mag sie auch heute noch als gelungene Abschreckung dienen. Aber was ist wirklich dran an der Geschichte? Betrachtet man die Kaloriengehalte unterschiedlichster Getränke, so schneidet das Pils mit 43 Kalorien in 100 Milliliter im Vergleich zum Apfelsaft, der mit 57 Kalorien in der gleichen Menge, und Sekt, der gar mit 83 Kalorien zu Buche schlägt, erst einmal sehr gut ab. Daran kann es also nicht liegen. Jeder von uns nimmt dann an Gewicht zu, wenn er mehr Kalorien zu sich nimmt, als er verbraucht.

Aber keiner wird das eine oder andere Kilo zu viel auf einen übermäßigen Konsum von Apfelsaft zurückführen.

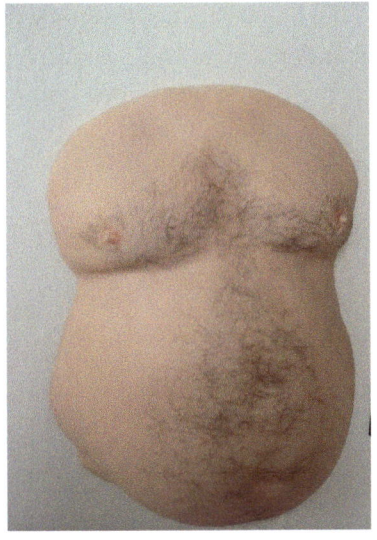

Der Bier-Bauch ist hauptsächlich eine Folgeerscheinung falscher Ernährung und mangelnder Bewegung. Die Herleitung kommt vermutlich daher, dass Bier früher meist von Männern getrunken und so die Schlussfolgerung gezogen wurde, dass das Übergewicht der Herren auf die vielen Gasthausbesuche zurückzuführen sein musste. Vermutlich kam der Bauch auch hier zustande, aber nicht das Bier per se war der Verursacher, sondern die Menge des Bieres und das Essen, das dazu verspeist wurde. Denn was in der Tat richtig ist: Bier hat eine appetitanregende Wirkung. Kohlensäure und Alkohol regen verstärkt die Magensäureproduktion an, und so kommen schnell ein Hungergefühl und der Wunsch noch ein paar Häppchen zum Bier auf.

Bier hat für Gesundheit und Wohlbefinden nicht nur innere Werte. Schon im Mittelalter rieben sich die Hofdamen in den Herrenhäusern Gesicht und Haare mit Bierschaum ein. Es sollte in Folge der mangelnden Hygiene - der fehlenden Körperreinigung - vielmehr den Körpergeruch überdecken.
Heute ist das ja anders, man kann sogar im warmen Bier baden – natürlich ohne Zusatz von Reinigungsmitteln – und das eine Stunde lang im Sitzen oder Liegen. Dazu ein oder mehrere gute Biere aus dem Glas.

- Lustig gelebt und selig gestorben heißt dem Teufel die Rechnung verdorben.

Begleitstoffe des Alkohols

Bei der Gärung entstehen neben Ethanol weitere Alkohole wie Amylalkohole und Isobutanol.

Diese Stoffe beeinträchtigen die Bekömmlichkeit des Bieres und können die Hirnstromtätigkeit beeinflussen, mit folgenden Auswirkungen:

Veränderung der Reaktionsfähigkeit, höheres Schlafbedürfnis, Augenzittern oder Kopfschmerzen.

Bier wirkt harntreibend und entwässert damit das Gewebe. Atmung und Kreislauf werden durch die geringe Alkoholmenge stimuliert, welche sich auch beruhigend auf nervöse Störungen auswirkt. Aufgrund des niedrigen pH-Werts, dem Alkohol, der Kohlensäure und der Hopfenbitterstoffe, kann das Bier keine krankheitserregenden Keime tragen.

Ist Bier eine Medizin?

Bier soll bei Gicht helfen, Knochenbrüche sollen schneller heilen, Die harntreibende Wirkung des Gerstensafts ist Biertrinkern nicht ganz unbekannt. Das haben sich Ärzte in Tschechien und Polen zunutze gemacht und verschreiben ihren Patienten Bier bei Harnwegsinfektionen, um die Nieren zu spülen und Giftstoffe auszuschwemmen. Nierenkranke erleichtert es angeblich, und es soll bei Tuberkulose und Blutverlust die Rekonvaleszenz beschleunigen.

Sehr begehrt sind Bierbäder. Sie kann man in Deutschland und in Tschechien genießen. So hat Hopfen beispielsweise einen leicht schmerzlindernden und entzündungshemmenden Effekt, während das in der Bierhefe reichlich vorkommende Vitamin B unseren Körper revitalisiert. Vor allem bei rheumatischen und entzündlichen Erkrankungen führen Bierbäder oft zu einer Verbesserung der Beschwerden. Der

Vorteil dabei, man kann Bier von außen wie von innen genießen.

Der Genuß von außen erfolgt in der Regel als Bierbad. In Deutschland und besonders in Tschechien ist dieses Wellnessangebot sehr oft zu finden. Schaut mal ins Internet und ihr werdet euch wundern wer alles das Bierbad anbietet.

Das Pseudomittel heißt 'Cervosan' (von cervesia, lateinisch für Bier). Als „Medizin" würde das Etikett folgendermaßen gestaltet sein:

Der Beipackzettel dazu würde sich so lesen:

Gerbrauchsinformationen bitte sorgfältig lesen
Cervosan
Zutaten: Gerstenmalz, Hopfen, Hefe, Wasser

Anwendungsgebiete
Zur oralen Applikation.
- Als Beruhigungs- und Schlafmittel
- Bei Vedauungsbeschwerden
- Zur Vorbeugung von Nierensteinen
- Als Ergänzung zur Schlankheitsdiät
- Als physiologischer Energiespender bei akuten Erschöpfungszuständen
- Zur Stabilisierung und Erhaltung des Haarwuchses .
Cervosan ist das medizinische Allheilmittel mit den geballten Naturkräften aus Gerstenmalz, Hopfen und Hefe.

Bei akuten Streßsymptomen wirkt es beruhigend, und kann auch als leichtes und bekömmliches Schlafmittel eingesetzt werden.

Zur Förderung der Verdauung trinken sie ein bis zwei Glas (200 - 500 ml) zu jeder Mahlzeit. Das streng natriumarme Tonikum eignet sich besonders für den Nierenkranken, da es diuretisch wirkt. Bei Apetitarmut empfehlen wir ein Glas vor der Mahlzeit.

Cervosan enthält kein Fett und wenig Kohlenhydrate. Sein physiologischer Brennwert liegt mit 177Kj pro 100gr weit unter dem von Brot (ca. 1000Kj). Damit eignet es sich hervorragend zur Nahrungsergänzung bei Kuren und Diäten.

Gegenanzeigen

Nicht gemeinsam mit anderen Medikamenten verwenden.

Patienten, die empfindlich auf Alkohol reagieren, sollten die Therapie unter ärztlicher Kontrolle durchführen.

Warnhinweis

Für Spätfolgen und Schädigungen, die aus mißbräuchlicher Anwendung resultieren, übernimmt der Hersteller keine Haftung.

Damit wäre alles gesagt

19.   Reisen und Bier

Bierreisen

Deutschland ist DIE Reise- und Bier-Nation – was liegt also näher als beides miteinander zu verknüpfen? Durch Wald und Wiesen wandern und zwischendurch einkehren und ein kühles Blondes genießen – bei einer Bierwanderung lässt sich Natur & Bier erleben und ist die perfekte Auszeit vom Alltag. Der Regierungsbezirk Oberfranken hat die höhste Bruereidicht der Welt. Die Auswahl an verschiedenen Biersorten ist beindruckend. Rund 300 Brauereien sind aktuell zu verzeichnen mit mehr als 1000 verschiedenen Bieren. Eine Besonderheit ist die handwerkliche Braukunst. Ebenfalls als besonders gilt, das über 100 Brauereien gleichzeitig Wirtshäuser sind.

Aufseß – Brauereien Weltrekordhalter

Die Gemeinde Aufseß in der Fränkischen Schweiz ist Weltrekordhalter mit der größten Brauereiendichte pro Einwohner. Beim Besuch der vier Brauereien könnt Ihr Euch den „Brauereien-Weg-Wanderpass" abstempeln lassen und dadurch eine Urkunde als Erinnerung erhalten mit dem Titel: „Fränkischer Ehrenbiertrinker der vier Weltrekord-Brauereien". Den Brauereien-Wanderpass könnt Ihr hier als PDF downloaden www.aufsess.de

Dies sind in der Gemeinde Aufseß die vier Brauereien mit Gasthöfen:

Sachsendorf: Brauerei Stadter

Hochstahl: Brauerei Reichold

Hochstahl: Brauerei Kathi-Bräu

Aufseß: Brauerei Rothenbach

Da die Bierwanderung ein Rundweg ist, könnt Ihr an jedem Ort anfangen.

Bierwanderung Bamberg
Auf zu einer Kultur- und Bierwanderung in Bamberg!

Welche Stadt kann schon auftrumpfen mit UNESCO Weltkulturerbe und 9 Traditions-Brauereien? In seiner Blütezeit im 19. Jahrhundert waren es 65 Braustätten und 22 Bierkeller. Zum heutigen Zeitpunkt werden noch an 12 Braustätten verschiedene Biersorten gebraut. Bereits Ende des11. Jahrhunderts schenkte ein Domherr im Bamberg eine Art Weizenbier an Arme aus, im 13. Jahrhundert wird bereits Bier mit Gerstenmalz gebraut, das sich nach Mitte des 14. Jahrhunderts als Alltagsgetränk etabliert. Außerdem führten alte Handelswege durch Oberfranken. Auch heute noch spielt Bier eine große olle in der Region. Es ist Teil der Tradition.
Bier in Oberfranken ist ein praktisches Thema. Biertouren und -wanderungen werden angeboten, ob zu Fuß, mit dem Fahrrad, mit Tour-Guide oder ohne, mit Verkostung oder ohne. Die Auswahl ist groß. Da gibt's noch Bamberger Bierführung, ein Abend mit Bierdiplomprüfung oder sich bei einem Bierseminar anmelden. Bierwanderrouten gibt es zur Genüge.

Obwohl das Brau und Schankrecht vom Bamberger Bischof in der Regel an größere Städte vergeben wurde, bekamen viele Pfarreien auf dem Land dieses Recht. Schließlich war dieses mit hohen Steuern verbunden und somit eine wichtige Einnahmequelle.

Bier Wellness & Spa Bierwochenende

träumst davon in Bier zu baden? Hier findest Du passende Bier Spa Angebote für Verwöhn-Ideen rund um das Hopfengetränk. Raus aus dem Alltagstrott und rein ins Bierhotel mit Hopfenöl-Rückenmassage und danach eine gepflegte Bier-Kur von innen! Die Auswahl an Wellness für Bierfreunde ist vielfältig. Etliche Hotels bieten auch Arrangements mit Eintrittskarten für eine nahe gelegene Therme an.

Bierbraukurse und Bierseminare in Deutschland

Ihr wollt Euer eigenes Bier brauen oder tiefere Einblicke in das gesamte Bierbrau-Verfahren erhalten? Dann taucht bei einem Bierbraukurs in die faszinierende Welt der Braumeister ein. Ein Bier Braukurs bietet Euch nicht nur spannende Einblicke in das traditionelle Handwerk, sondern auch die Möglichkeit, selbst zum Braumeister zu werden. Egal, ob Ihr erste Erfahrungen sammeln oder Euer Wissen vertiefen möchtet – hier findet jeder den passenden Kurs.

Von kurzen Bierseminaren über mehrstündige Veranstaltungen bis hin zum ganztägigen Braukurs mit Verköstigung – die Angebote sind vielfältig und für jeden Geschmack etwas dabei. Eine tolle Kombination sind die Bierbraukurse mit einer spannenden Brauereiführung, um noch tiefer in die Welt des Bierbrauens einzutauchen und exklusive Einblicke in die Produktionsstätten zu erhalten. Für ein besonders intensives Erlebnis könnt ihr sogar einen Braukurs mit Übernachtung buchen. So habt ihr genügend Zeit, um die Kunst des Bierbrauens entspannt zu erlernen und den Abend in geselliger Runde ausklingen zu lassen.

Besonders beliebt: Am Ende vieler Kurse erhaltet Ihr eine Urkunde als Andenken, die Euch als frischgebackene Bierbraumeister auszeichnet. Und so mancher Anbieter sendet das eigene gebraute Bier Wochen später in Flaschen zu.

Städtereisen mit Bier

Wenn einer eine Reise tut, dann kann er „Bier" erleben... Städtereisen in Deutschland sind historisch und kulturell interessant und bieten zudem vielfältige und leckere Bier-Einkehrmöglichkeiten.

Kaum ein anderer Kurzurlaub ist so abwechslungsreich wie eine Reise in eine deutsche Bier-Stadt. Denn bei einem Städtetrip lassen sich viele unterschiedliche Erlebnisse miteinander verbinden: Shopping, Sightseeing, Geschichte, Museen und regionale Bierspezialitäten!
Zu Bamberg habe ich schon genug erzählt, aber es gibt weitere sehenswerte Bierstädte wie Kulmbach mit Biermuseum , den Forchheimer Kellerwald, Aufseß mit der größten Brauereidichte, Köln und das Kölsch, Düsseldorf und Altbier mit der längsten Theke, Nürnberg mit Bratwurst und dunklem Rotbier und Einbeck mit dem Urbock.
Einbeck - Diese mittelalterliche Kleinstadt ist ein Muss für Bier-Fans

Starkes Bier hat Einbeck reich gemacht. Davon zeugt die historische Altstadt bis heute. Doch auch das Bier ist allgegenwärtig.

Wer durch die Fußgängerzone von Einbeck schlendert, sollte sich nicht nur die Auslagen in den Geschäften ansehen, sondern auch die Häuser. Die vielen Fachwerkbauten in der Innenstadt sind echte Augenweiden und zeugen noch heute von der einstigen Bedeutung und dem Wohlstand der Stadt.

Und dieser Reichtum war kein Zufall: Einbeck gehörte ab 1368 zur Hanse und fand in dem Handelsnetz einen enormen Absatzmarkt für das Bier, das in der Stadt gebraut wurde. Denn Einbeck – und darauf sind die Einwohner noch heute stolz – ist die Heimat des Bockbieres. Dieses Starkbier soll 1351 in der Kleinstadt zwischen Harz und Weser erfunden worden sein soll. Das Starkbier ist sehr kräftig und "zeichnet sich durch Malzaromen mit feinen Röst-, Dörrobst- und Brotnoten aus", erklärt der Deutsche Brauerbund. Aber der größte Vorteil: Durch den hohen Alkoholgehalt ist es länger haltbar. Das war praktisch, um es überallhin zu exportieren. Und so verkauften die Einbecker ihr Bockbier von Antwerpen bis nach Riga, von Stockholm bis nach München.

Heute wird zwar immer noch gebraut in der Stadt, aber von den 723 Brauereien, die es 1616 noch in der Stadt gab, sind nur sehr wenige übrig geblieben. Dennoch: Die Tradition lebt. Wer mehr über das Bier in und aus der Stadt erfahren will, erfährt das auf dem Bierpfad, eine 2,3 Kilometer lange Strecke quer durch die Stadt, auf der die Geschichte erlebbar wird. Eine Spur aus Bierfass-Symbolen zeigt den Weg an.

Das Brodhaus (1552), das angeblich älteste Wirtshaus Niedersachsens, befindet sich direkt am Marktplatz und ist einen Besuch wert.

Ein weiteres Muss für Einbeck-Urlauber ist der PS.Speicher, das größte Oldtimer-Museum Europas. Der historische

Kornspeicher bildet das Zentrum der Ausstellung, in der rund 2.500 Exponate bestaunt werden können – und auch angefasst. Denn das Museum versteht sich als Mitmach-Ausstellung für Mobilität insgesamt. Nicht zu vergessen das Handwerk des Blaudrucks , welches man sogar direkt erleben kann.

Brauereimuseen
Hier eine kleine Auswahl:

Fränkisches Brauereimuseum, Bamberg

Maisel's Biererlebniswelt,[1] Bayreuth

Brauereimuseum Dortmund

Ettaler Klosterbrauerei

Brauereimuseum im Rathaus Fürstenwalde

Museum der Rhönbrauerei[4] Kaltennordheim

Bayerisches Brauereimuseum Kulmbach

Bier- und Oktoberfestmuseum München

Brauereimuseum Pößneck

Sächsisches Brauereimuseum Rechenberg

Brauereimuseum Schöneck/Vogtl.

Brauereiführungen

Fast jede Brauerei ermöglicht eine Brauereiführung. Hier kann man in unmittelbarer Nähe oder auf einer Rundreise diese Aktion einbinden. Hier eine Empfehlung abzugeben ist schwer.

20. Kochen mit Bier

Für manchen Hobbykoch und natürlich auch für Profiköche keine Neuigkeit: Mit Bier lässt sich prima kochen und backen. Von Saucen und Suppen über Schweinekrustenbraten bis hin zu Bierteig zum Ausbacken: Bier gibt vielen Gerichten eine tolle Würze. Ob Sie dabei Weißbier oder dunkles Bier verwenden, ist ganz Ihrem Geschmack überlassen. Und wer auf den Alkohol verzichten will, das alles klappt auch mit alkoholfreiem Bier! Wobei durch hohe Temperaturen der im Bier enthaltene Alkohol ohnehin reduziert wird. Auch Marinieren mit Bier ist eine feine Sache: Mischen Sie dazu Bier, Öl und Grillgewürze und gießen Sie die Marinade über das Fleisch. Lassen Sie es einige Stunden ziehen. Danach auf dem Grillrost grillen oder in der Pfanne braten.

Welches Bier passt zu welcher Speise?
Als Grundregel gilt: leichtes Bier zu hellem Fleisch und kräftiges Bier zu dunklem Fleisch. Zu Hähnchen also ein Lager oder Weizen und zum Steak beispielsweise ein Pale Ale. Aufpassen sollte man lediglich, dass sich Röstaromen der Partner nicht potenzieren. Starke Saucen können die Kombination auch stören.

Das Bier hat verschiedene Wirkungen, denn erstens nimmt das Fleisch den Geschmack vom **Bier** auf. Zweitens gibt es die Zuckerbestandteile im Malz, die beim Garen für einen karamellisierenden Effekt sorgen. Und drittens macht die natürliche Hefe den Braten schön mürbe.

Ich möchte euch zwei unterschiedliche Dinner anbieten, die ihr ohne Probleme nachkochen könnt. Auf los geht's los!

Dinner 1 - Bierig aus Wald und Flur

Aperitiv / Before -Dinner- Drink : Bieraperol

Zutaten:
3cl Aperol
Helles oder Pils
Eiswürfel
Orangenschale / Orangenscheibe

Zubereitung:
Eiswürfel in das Glas geben, 3 cl Aperol zugeben und mit Pils auffüllen, eine Scheibe Orange auf den Glasrand stecken, fertig.

Vorspeise - Brotsuppe mit Bier und Speck

Zutaten:
4 Scheiben Weißbrot getrocknet
1 Schalotte
50 g Speck
750 ml Gemüsebrühe
250 ml Bier (Pils)

100ml Creme fraich
Salz, Pfeffer, Muskatnuss
Petersilie

Zubereitung: Weißbrot und Speck würfeln, Schalotte fein hacken, zusammen in der Pfanne anbraten, sobald alles schön geröstet ist mit Bier und Gemüsebrühe aufgießen. Dann 20 Minuten auf kleiner Flamme kochen und ständig umrühren, zum Schluß Creme fraich zugeben und aufkochen, mit Salz, Pfeffer und Muskatnuß abschmecken.
Die Petersilie kleinhacken und darüber streuen.

Hauptspeise - Braumeistersteak mit Bratkartoffeln und Schmorzwiebeln

Zutaten für 4 Portionen:
4 Schweinesteaks
4 El Senf
4 Zwiebeln
2 Knoblauchzehen
¼ l helles Bier
100 ml Schwarzbier (den Rest kann man selbst bei Zubereiten trinken)
5 El Rapsöl
2-3 El milder Weinessig
2 El Kräuterlikör (kann mn auch vorher probieren, ob er noch gut ist)
1 große Prise Salz
1 Tl Honig
Zubereitung:
Die herzhaften Steaks über Nacht in einer Zwiebel - Bier-Marinade einlegen. Ein Gemisch aus Export- und Schwarzbier geben ihr die besondere Note

Steaks auf beiden Seiten mit Senf bestreichen. Zwiebeln und Knoblauch fein schneiden, beide Biersorten mit Schneebesen in der Schüssel verrühren bis sie nicht mehr schäumen. Zwiebeln, Knoblauch, 4 El Rapsöl, Essig und Likör untermischen.

Steaks aus der Marinade auf den vorgeheizten Grill geben und übriges Öl hinzugeben. Bei mittlerer Hitze pro Seite 10 Minuten grillen. Dazu Zwiebeln schmoren, Steaks 5 Minuten nachziehen lassen.

Die fertigen Steaks mit Schmorzwiebeln bedecken und servieren. Dazu entweder dunkles Brot oder Bratkartoffeln reichen.

Dessert - Bieramisu nach Björn Freitag

Zutaten für 4 Portionen:
2 Blatt Gelatine
2 Eier
100 g Zucker
100 g Mascarpone
150 g Schlagsahne
70 g Löffelbiskuits (circa 8 Stück)
1 EL süßliches, kräftiges Bier
8 EL Kaffee
2 Aprikosen (frisch oder aus der Dose)
2 EL Kakaopulver
Zubereitung:
Gelatine in kaltem Wasser einweichen.
Ein Ei trennen. Das Eigelb, sowie ein weiteres Ei in eine Schüssel geben. Zucker zugeben und mit Hilfe eines Handrührgeräts aufschlagen. Mascarpone zufügen und mit aufschlagen.

179

Sahne steif schlagen. Eingeweichte Gelatine ausdrücken und mit einem Teil der Mascarpone-Ei-Masse in einem Topf erhitzen. Umrühren. Sobald die Gelatine sich aufgelöst hat, die restliche Mascarpone-Ei-Masse zugeben und vermischen. Sahne unterheben.

Mit Löffelbiskuits den Boden der Dessertgläser bedecken. Die Löffelbiskuits jeweils mit 1 EL Bier und 2 EL Kaffee übergießen.

Aprikosen in feine Stücke schneiden und auf die Löffelbiskuits in die einzelnen Dessertgläser geben. Mascarpone-Sahne auf die Aprikosen verteilen. Die Dessertgläser für mindestens 1-2 Stunden im Kühlschrank kalt stellen.

Vor dem Servieren Kakaopulver mit einem feinen Sieb über den Dessertgläser verteilen.

Dinner 2 - Wiesnschmankel

Aperitiv /Before -Dinner- Drink : Biercocktail mit Sekt

Zutaten :
3 Teile Bier
1 Teil Sekt, lieblich oder trocken
1 Schuss Sirup (Erdbeersirup)

Zubereitung:
Einfach ein schönes, leckeres Bier zapfen, das Glas aber noch nicht ganz voll machen. Vorsichtig mit Sekt auffüllen. Dann noch einen Schuss Sirup auf die Schaumkrone geben.

Sieht erst gut aus und vermischt sich später mit dem Cocktail. Sieht besonders hübsch aus, wenn er z.B. in Rotweingläsern oder ähnlichem serviert wird.

Vorspeise – Biersuppe

Zutaten für 4 Personen
2 Scheibe(n) Graubrot
• 1 EL Butter
• Salz
• Pfeffer
1 Zwiebel
• 40 g Butter
• 40 g Mehl
• 0.5 l leichtes Bier (hell oder dunkel)
• 0.5 l Hühnerbrühe
• 100 ml Sahne
• 1 Ei
• 1 Prise(n) Muskat

Zubereitung:
Brot in Würfel schneiden. 1 EL Butter in einer Pfanne erhitzen und die Brotwürfel darin anrösten. Mit etwas Salz und Pfeffer würzen.
Zwiebel schälen und fein würfeln. Restliche Butter in einem Topf zerlassen. Zwiebel darin andünsten. Mehl unterrühren. Bier und Brühe einrühren und 5 Minuten köcheln lassen. Vom Herd ziehen. Sahne mit Eigelb verquirlen und unter die Suppe rühren. Mit Salz, Pfeffer und Muskat abschmecken und mit einem Pürierstab glatt mixen.
Schnittlauch in Röllchen schneiden. Die Suppe mit den Croûtons anrichten und mit Schnittlauch bestreut servieren.

Hauptspeise - Besoffenes Grillhendl

Zutaten für 4 Personen
1 Stk.Grillhuhn
1 Dose Bier
Grillgewürz
Öl
Wasser

Für das Grillgewürz:
Salz
Pfeffer
Rosmarin
Majoran
Paprikapulver
Knoblauch
Kartoffeln (zum Verschließen des Halses)
Formularbeginn

Zubereitung
Für das Besoffene Grillhendl das Huhn ausnehmen (Innereien entfernen), sorgfältig waschen und trocken tupfen. Sie können natürlich auch ein küchenfertiges Grillhuhn verwenden. Die Gewürze mit etwas Öl und Wasser vermischen. Alternativ können Sie auch ein fertiges Grillhuhngewürz oder eine Gewürzmischung Ihrer Wahl verwenden. Das Grillhuhn innen und außen mit der Gewürzmischung einpinseln.
Bierdose (0,5l) vorbereiten und 1/3 des Biers entleeren. Etwas Gewürzmischung in die Dose geben. Das fertig gewürzte Grillhuhn nun auf die geöffnete Bierdose setzen. Damit nicht zuviel Dampf entweicht, die Halsöffnung zubinden oder mit einer Kartoffel verschließen. Stellen Sie das Hendl mit der Bierdose auf eine Alu-Grilltasse. In die Grilltasse können Sie noch etwas Bier leeren.

Das Huhn nun bei geschlossenem Grill ca. 60-75 Minuten grillen. Das Huhn immer wieder mit dem Saft aus der Alutasse bestreichen, damit die Haut schön knusprig wird. Besonders knusprig wird das Huhn, wenn Sie den Biersaft in den letzen 10 Minuten mit etwas Honig oder Ahornsirup vermischen und das Huhn damit bestreichen.

Nach dem Grillen vorsichtig die heiße Bierdose entfernen und das Besoffene Grillhendl servieren.

Serviert wird mit Rotkohl und Kartoffeln.

Tipp

Durch das verdampfende Bier wird das Hühnerfleisch wunderbar zart und saftig.

Unbedingt die Bierdose öffnen! Eine geschlossene Bierdose würde bei dieser Hitzeeinwirkung explodieren!

Dessert - Apfelküchli im Bierteig

Zutaten für 4 Personen:
4 mittelgrosse Äpfel
½ Zitrone, Saft & Schale
200g Mehl
300ml Schneider Weisse TAP1 «Meine helle Weisse»
2 Eier
1 Prise Zimt
1 TL Vanillezucker
1 Prise Salz
20g Zucker
40g braune Butter
Öl zum Ausbacken
Zubereitung:
Die Eier trennen. Mehl, Bier und Eigelb glattrühren, dann Zitronenschale, Zimt und Vanillezucker hinzufügen.
Zuletzt die warme, braune Butter einrühren.

Das Eiweiß mit Salz und Zucker steif schlagen. Den Eischnee locker unter den Teig heben.
Äpfel schälen, das Kerngehäuse ausstechen und die Äpfel in 1cm dicke Ringe schneiden. Sofort mit Zitronensaft beträufeln. Die Apfelringe in den Bierteig tauchen, kurz abtropfen lassen und im heissen Öl goldgelb ausbacken.

Also ich wünsche euch einen guten Appetit!

21. Bierquiz

Nachdem ihr das Büchlein gelesen habt, dürfte es euch nicht schwerfallen, nachfolgende Fragen zu beantworten. Hier eine Auswahl an Fragen für ein Bierquiz!

Also Los!

1.In welchem Land wird weltweit am meisten Bier produziert ?
Deutschland
USA
China
Australien

2.Wieviel Liter Bier wird in Deutschland pro Kopf getrunken ?
246
146
104
 94

3.Unterliegt alkoholfreies Bier dem deutschen Reinheitsgebot ?
Quatsch, es ist ja alkoholfrei
Ja klar, das gilt für alle Biergetränke

4.Enthält ein Hefeweizen mehr Kalorien wie ein Pils ?
Ja, Weizen macht dick
Nein, das ist Unfug
5. Was bedeutet IBU ?
International Beer Union
International Bitternes Unit
Ibuprofen – Wahrscheinlichkeit

6. Welche ist die älteste noch heute bestehende Brauerei in Deutschland
Paulaner
Weihenstephan
Münchner Hofbräu
Radeberg

7.Wann wurde der Kronkorken erfunden ?
1623
1710
1862
1923

8. Wo findet man die größte Brauereidichte der Welt ?
Sauerland
Oberfranken
Oberbayern

9.War Bier im Mittelalter wirklich gesünder als Wasser ?
Ja, weil Mönche Bier als Medizin brauten
Ja, weil Wasser oft Keime enthielt
Ja, wegen der Mineralstoffe

10. Was ist Cenodillicaphobie ?
Angst vor dem Betrunkensein
Angst vor leeren Gläsern

11. Von wem stammt das Zitat „Gebt meinen Leuten gutes und billiges Bier, und es wird keine Revolution geben !"
König Ludwig II:
Gerhard Schröder
Queen Victoria

12. Warum ist Weizenbier Trüb ?
Wegen der Hefe
Wegen des höheren Kohlensäuregehalts
Das liegt an der Lagerung

13. Welche Zutaten sind laut der aktuellen Version des Reinheitsgebots in deutschem Bier erlaubt ?
Hopfen, Gerste, Alkohol, Wasser
Gerste oder Weizen, Hopfen , Wasser
Wasser, Gerstenmalz, Hopfen, Hefe
Hopfen, Malz, Hopfen, Wasser

14. Aus welchem Jahr stammt das deutsche Reinheitsgebot, nach dem noch heute Bier gebraut wird ?
1404
1800
1516

15. Wann findet jährlich der Tage des deutschen Bieres statt ?
12.12.
14.06.
23.04.

16. Was ist eine Bierflöte ?
ein Instrument, welches bei feuchtfröhlichem Beisammensein gespielt wird

ein längliches Altbierglas
ein dünnwandiges Kölschglas

Auflösung des Bierquiz

1. China
2. 104
3. ja klar, das gilt für alle Biergetränke
4. nein , das ist Unfug
5. international Bitterness Unit
6. Weihenstephan
7. 1892
8. Oberfranken
9. ja, weil Wasser oft Keime enthielt
10. Angst vor leeren Gläsern
11. Queen Victoria
12. wegen der Hefe
13. Wasser, Gerstenmalz, Hopfen, Hefe
14. 1516
15. 23.04.
16. ein dünnwandiges Kölschglas

22. Quellenverzeichnis

a decent cup of tea
bier.de
bier- deluxe.de
bierbereich.de
brauer-bund.de
einbeck.de
england.de
Frankfurter Allgemeine/Bierothek
GEO
Gunther Böhnke, Westendverlag
heidelberg 24.de
hopfenfreuden
in Franken.de
kraft bier 0711.de
Merkur (Erlanger .info)
mdr thüringen
Nordkurier
ntv-Ratgeber
reisebuch.de
scinexx.de
Stadtarchiv Weissensee (Thüringen)
Süddeutsche Zeitung
tea & swues
t-online.de
Thüringer Allgemeine
utopia.de
visit britain
Wasserburger Stimme
Wikipedia